ANWBEXTRA

Turkse westkust

De 15 hoogtepunten in een oogopslag

Welkom

Merhaba	6
Ter oriëntatie	8
Kennismaking, de Turkse westkust in cijfers	10
Geschiedenis, heden, toekomst	14
Overnachten	16
Eten en drinken	18
Praktische informatie	20

Onderweg langs de Turkse westkust

İzmir en het noordelijke deel van de westkust — 32
İzmir 32, Çeşme 42, Foça 45
Bergama / Pergamon 50, Ayvalık 55

Kuşadası en omgeving — 60
Selçuk / Efeze 60, Kuşadası 64
Didim 71, Söke 73

Bodrum en omgeving — 76
Bodrum 76, Gümbet 87, Bitez 90
Turgutreis 93, Milas 97

Marmaris en omgeving — 98
Marmaris 98, Akyaka 109
İçmeler 109, Turunç 111
Datça 112, Muğla 115

De 15 hoogtepunten

1 **Ontdekking van de Kemeraltı-bazaar – van bazaar naar Konak** — 36
   De grote bazaar van İzmir.

2 **Het antieke Smyrna – van Kadifekale naar Bayraklı** — 39
   Van de antieke Akropolis naar het oudste deel van Smyrna, waar eens de dichter Homerus werd geboren.

3 **Vissersdorp en Genuese vesting – Sığacık en Teos** — 46
   Autorit van Çeşme, İzmir of Kuşadası naar een vissersdorp.

4 **Zwerftocht in Pergamon – van de burcht naar het Asklepieion** — 51
   Wandeling vanaf de burchtheuvel met de vroegere residentie van de koningen van Pergamon door Bergama.

5 **Over de beroemde helden – excursie naar Troje en Assos** 57
Tocht langs de 'Olijvenrivièra' aan de Golf van Edremit naar Troje helemaal aan het noordeinde van de westkust.

6 **Ruïnes en olijven – wandeling door Efeze** 62
Van Selçuk door olijfbossen naar het Zevenslapersdistrict en dan langs de ruïnes van de Romeinse metropool.

7 **De verdwenen zee – Milete, Priëne en Didyma** 68
Autorit naar de vlakte van de grote Meander met drie belangrijke steden uit de oudheid en naar het idyllische Bafameer.

8 **Sneeuwwitte versteende cascaden– Pamukkale** 74
Naar de beroemde sneeuwwitte kalkterrassen nabij de antieke stad Hiërapolis in het binnenland.

9 **In het spoor van de kruisridders – het kasteel van Bodrum** 80
Museum voor Onderwaterarcheologie in het ridderkasteel.

10 **Halicarnassus – het Mausoleion en de Myndospoort** 83
Stadswandeling door de buitenwijken.

11 **Een kort boottochtje – naar het Griekse eiland Kos** 88
In 20 minuten naar Griekenland.

12 **Levendige rondrit – Myndos en het schiereiland Bodrum** 94
Excursie naar visrestaurants aan een idyllische baai.

13 **Partystad – het uitgaansleven van Marmaris** 102
Een avond in de uitgaansstraat van Marmaris – van een drankje bij zonsondergang tot de hele nacht door dansen.

14 **Imkersdorpen en jeepsafari's – het schiereiland Bozburun** 106
Kleine dorpjes in een vrijwel onbewoonde streek.

15 **Reis naar het einde van de wereld – Knidos** 113
Langs stille baaien naar de antieke stad Knidos, in de oudheid befaamd om het eerste beeld van een naakte vrouw.

Toeristische woordenlijst 116
Culinaire woordenlijst 118
Register 120
Colofon 126
Paklijst 127

▶ ■ ■ ■ ■ ■ ■ Deze symbolen in de tekst verwijzen naar een oriëntatiekaart
1 Dit symbool in de tekst verwijst naar een van de 15 hoogtepunten

Merhaba – Welkom

In de vroege avond werpt de ondergaande zon een gouden gloed over het kasteel van Bodrum, dat wordt omringd door excursieboten en pleziervaartuigen. Het meer dan 500 jaar oude kasteel werd gebouwd door de ridders van de johannieterorde, die uit alle delen van Europa afkomstig waren. Langs de westkust van Turkije zijn overal Europese sporen te vinden: ruïnes van de oude Grieken en Romeinen, burchten van de Genuezen en de johannieters en verlaten orthodoxe kerken van de Grieken, die hier pas in 1923 wegtrokken.

Ter oriëntatie

De Turkse westkust is op cultureel vlak een van de rijkste en interessantste regio's aan de Middellandse Zee. Tegen 1000 v.Chr. vestigden zich hier al Grieken. Phokeia, Milete en Smyrna waren drie van de belangrijkste steden in de klassieke oudheid. Veel in de leefstijl van de huidige bewoners herinnert nog steeds aan de Griekse cultuur.

İzmir

De grootste stad aan de westkust en ook de op twee na grootste van heel Turkije is **İzmir** (▶ C 6), dat in de oudheid Smyrna heette. In de 19e eeuw was Smyrna de belangrijkste handelsstad van het Ottomaanse Rijk, en ook nu nog geldt het als de meest internationaal georiënteerde, liberaalste en modernste metropool van het land. Ondanks grootschalige nieuwbouw herinnert nog veel in de geboortestad van de dichter Homerus en de reder Aristoteles Onassis aan de oudheid, dat deels wordt bewaard in uitstekende musea. Maar İzmir biedt ook gelegenheid om uitgebreid te winkelen in de Kemeraltı-bazaar of de trendy boetieks van Alsancak, en om de avond aangenaam door te brengen in de cafés aan de Kordon, de kustboulevard.

Op de punt van het schiereiland, dat van İzmir naar het westen uitsteekt, ligt **Çeşme** (▶ B 6), een klein havenstadje met mooie zandbaaien en de bekende surflocatie **Alaçatı**. Interessant is een uitstapje naar het idyllische **Sığacık** (▶ B 6) met zijn visrestaurants aan de haven en de ruïnes van het oude **Teos** (zie blz. 46).

Het noorden van de westkust

De streek ten noorden van İzmir is niet bijzonder toeristisch, maar beschikt met de beroemde antieke locaties Troje en Pergamon over twee mogelijke hoogtepunten van een vakantie in Turkije.

Tot voorbij Bergama staat de streek in het teken van industrie en landbouw. **Foça** (▶ B 5) is een kleine badplaats aan twee baaien met een haven, en is bekend om de goede visrestaurants. In **Bergama** (▶ C 4) zijn prachtige resten bewaard gebleven van de koningsstad Pergamon, die in de 2e eeuw v.Chr. het westen van Klein-Azië beheerste. De laatste grote badplaats aan de kust is **Ayvalık** (▶ B 4), want de kust ten noorden van de Golf van Edremit heeft last van de koude stroming uit de Zee van Marmara. Het plaatsje wordt omringd door een groen kustlandschap van eilanden en baaien. Vanhier voert een uitstapje van een dag u naar Troas met de antieke stad **Troje** (▶ B 2) helemaal in het noorden aan de zeeëngte van de Dardanellen. Als u in de buurt wilt overnachten, rijdt u op de terugweg naar **Assos** (▶ B 3), met mooie hotels in oude Ottomaanse karavanserais.

Het zuiden van de westkust

De zuidelijke westkust begint ten zuiden van İzmir met het antieke landschap van Ionië, met de beroemde steden uit de klassieke oudheid. Tevens is deze streek na de zuidkust het populairste vakantiegebied van Turkije, met uitgestrekte bossen, turkooisblauwe baaien en kleine stranden.

Het zuidelijke deel begint met een grote klapper: **Efeze** (▶ C 7) was vroeger de Romeinse hoofdstad van Klein-Azië, tegenwoordig is het een van de indrukwekkendste ruïnesteden ter wereld. **Kuşadası** (▶ C 7) is een van de grote moderne badplaatsen, bekend

Ter oriëntatie

om een bruisend uitgaansleven – bovendien leggen hier elk jaar 600 cruiseschepen aan voor een bezoek aan Efeze. Verder zuidelijk strekt zich de **Meandervlakte** (▶ C 8) uit met de antieke steden Priëne en Milete, en de Didymatempel. Meer landinwaarts ligt **Pamukkale** (▶ G 7) met de beroemde witte terrassen (zie blz. 74).

Bodrum (▶ C 9) lijkt met zijn witte kubusvormige huizen wel een beetje een Grieks kustplaatsje. Tussen de kale heuvels liggen kleine vlakten met olijfgaarden en cipressen. Het **schiereiland Bodrum** wordt gekenmerkt door tal van baaien met vissersdorpjes, grote villadorpen en het vakantieoord van de Turkse popster Göltürkbükü. In het binnenland heeft het traditionele stadje Milas een pittoreske weekmarkt.

In de richting van **Marmaris** (▶ E 9) wordt het landschap bergachtiger – hier in het antieke Carië begint de met pijnboombossen overdekte keten van het Taurusgebergte. Het groene bergdecor omlijst vakantieplaatsjes als **İçmeler** en **Turunç**, terwijl Marmaris imponeert met een druk uitgaansleven, een mooie jachthaven en luxueuze hotels.

Met de boot

Aan de westkust, en dan speciaal het zuidelijke deel, speelt het zeetoerisme een grote rol in de vorm van **zeilvakanties** met een zeilschip met motor (zie blz. 86). Zo kunt u de mooiste kusten van Turkije verkennen, die vanwege de vele blauwe baaien ook wel turkooizen kusten worden genoemd. Bovendien varen er tegenwoordig veerboten naar de nabijgelegen **Griekse eilanden**. Bij een dagtocht hebt u weliswaar niet al te veel tijd, maar wel voldoende om iets van de sfeer te proeven. Een tochtje naar **Kos** (▶ C 9, zie blz. 88) heeft het meest te bieden.

Sfeervol verlicht restaurant aan de kade van Marmaris

Kennismaking, de Turkse westkust in cijfers

'Hier leeft men al in het paradijs'

Het is laat in de middag, de zon werpt reeds lange schaduwen en de lucht is al zo zacht en zwoel als hij de hele lange nacht blijven zal. Van het dakterras van een bar in Bodrum kijken we bij een drankje uit over de haven: motorjachten en zeilboten liggen dicht opeen, de zeilers zitten langs de kade. Ertegenover staat het kasteel in een rode avondgloed; een romantische melodie…

Zo sereen kan een avond in Turkije zijn. 'Elders leeft men om na afloop in het paradijs te komen, hier leeft men al in het paradijs' – in de jaren '30 van de 20e eeuw gaf de journalist Cevat Şakir, die naar Bodrum was verbannen als alternatief voor een gevangenisstraf, hoog op van het schiereiland.

Bosgroen en zeeblauw

In vergelijking met de rest van Turkije neemt de westkust een bijzondere plaats in. De rijk gevarieerde subtropische vegetatie in de kuststreek loopt langs de rivier diep landinwaarts door; het berglandschap is overwegend met bos overdekt: ronduit weelderig in het noorden in de omgeving van het regenrijke Idagebergte (Kaz Dağı) ten zuiden van de Dardanellen. In de middenstrook van de westkust liggen natuurlijke restwouden, zoals in het nationaal park Samsun Dağı, en aangeplante bossen zoals bij Marmaris en Fethiye. Maar er zijn ook bergstreken zonder bos – deels door het onstaan van een karstlandschap, zoals de Yuntdağı bij Bergama, deels door roofbouw, zoals de Boz Dağları ten oosten van İzmir.

Langs de kust liggen rotsachtige uitlopers tussen de kiezelbaaien en korte stukken strand. Op de stranden ligt over het algemeen grofkorrelig zand, dat vooral tot aan de vloedlijn met kiezelstenen vermengd is. Het landschap in het zuiden geeft daarentegen berghellingen te zien met dichte pijnboombossen. Aangezien de vlakten langs de kust en in de rivierdalen bijzonder vruchtbaar zijn, worden deze intensief gebruikt voor de productie van agrarische producten.

Schaduw over het paradijs

Zowel de enorme verstedelijking in met name de regio tussen İzmir en Milas als de aanleg van gigantische vakantiedorpen, met meer dan tienduizend vakantiehuisjes langs de kust tussen Bodrum en Marmaris, leggen een steeds grotere druk op dit paradijs.

Er ontstaat bovendien een maatschappelijke tweedeling tussen de rijken, die voor een moderne en westerse leefstijl kiezen, en de armen, die de traditionele islamitisch leefwijze aanhouden. Vrouwen in een kleurige pofbroek, zoals gebruikelijk in het Anatolische achterland, zijn hier alleen nog als schoonmaakster te zien. Dat leidt tot merkwaardige sociale verhoudingen: jonge Turkse vrouwen uit de bovenlaag willen graag in een Mallorca-heupdoek over de strandpromenade flaneren. Ze dragen een bikini, roken sigaretten en hebben hun mobieltje voortdurend bij de hand. Vrouwen in pofbroek en met een hoofddoek bedienen vrouwen in weinig verhullende bikini's – en weten dat hun man hen zou vermoorden als ze ook zoiets zouden doen.

Tussen zaak en gastvrijheid

In de toeristische kuststreken verdient men in zes maanden meer dan de helft

Kennismaking, de Turkse westkust in cijfers

van de buitenlandse inkomsten van Turkije. Dat het hierbij om een gigantische commerciële zaak gaat, dat merkt de toerist ook al vrij snel: bij een avondwandeling wordt men voortdurend aangesproken, door tapijthandelaren of souvenirverkopers, door obers, door aanbieders van excursies – natuurlijk wel steeds met een Turkse hoffelijkheid en gastvrijheid, maar op den duur begint het toch op de zenuwen te werken. De Turken die hier zo vloeiend alle mogelijke Europese talen spreken, wonen uiteraard niet zelf aan de kust; ook zij komen alleen in de zomer naar Bodrum of Marmaris om hier een winkel te runnen of om een baantje te vinden. Het volgende jaar kunnen ze weer heel ergens anders werkzaam zijn, bijvoorbeeld in Alanya of in Kuşadası.

De 'echte' kustbewoners raken vaak teleurgesteld als hun handel wordt overgenomen door iemand uit Istanbul (of door de grote reisorganisators uit Europa, die met hun all-inpakketten vooral de kleine plaatselijke ondernemers uit de markt werken). Maar zolang het gaat, probeert men er beter van te worden, bijvoorbeeld door het systeem van verdubbelde prijzen, dat steeds weer verbaast. De prijs staat namelijk nooit vast; de verkoper kijkt naar de beurs van de klant. Dat is geen bedrog, maar sluwheid – en al die slimmigheidjes worden toch ook weer goedgemaakt door de imponerende, charmante gastvrijheid.

Langs het zuidelijke deel van de westkust zijn met een boot veel afgelegen rotsbaaien te vinden

Kennismaking, de Turkse westkust in cijfers

Kunstenaars te Bodrum

Een ontspannen levensgevoel met alcohol, muziek en goddeloosheid stond aan de wieg van Bodrums carrière als vakantieparadijs. Cevat Şakir Kabaağaçlı (spreek uit als Dsjewat Sjakir Kaba-ahatsjle) vond in de jaren '50 van de 20e eeuw de zeilvakantie uit, toen hij met bevriende kunstenaars en een enorme voorraad rakı langs stille baaien voer om daar over de zin van het leven te filosoferen. De benaming *mavi yolculuk* (blauwe reis, zie blz. 86) was dan ook dubbelzinnig bedoeld. Cevat Şakir kreeg de bijnaam Halikarnas Balıkçısı (visser van Halicarnassus) omdat hij tijdens zijn verbanning over het leven van de eenvoudige vissers begon te schrijven. Zodoende werd hij een van de eerste exponenten van een sociaalrealistische literatuur in Turkije (helaas is zijn werk niet in andere talen vertaald). Hij stierf in 1973 en ligt begraven in de omgeving van Bodrum bij Gümbet.

Een andere kunstenaar uit Bodrum was Neyzen Tevfik (1879-1953). Deze volksdichter, die ook de *ney*, een oude rietfluit, bespeelde, schreef zijn gedichten en anekdotes op servetten, maar vaak droeg hij ze ook alleen maar met geïmproviseerde zang voor. Hij werd beroemd om zijn ironie tegenover de machthebbers en is zelfs vanwege zijn godslasterlijke verzen een keer in een psychiatrische inrichting opgesloten.

Een van de grote iconen van de Turkse muziek was Zeki Müren. Zijn huis in Bodrum is nu een museum. De in 1999 overleden zanger irriteerde de conservatieven vanwege zijn homoseksualiteit en zijn optredens in travestie, maar bij het grote publiek was hij zeer geliefd. Zijn lijn wordt nu voortgezet door Turkse popsterren als Hande Yener, Tarkan, Mustafa Sandal en anderen, die het dorpje Göltürkbükü op het schiereiland Bodrum tot hun zomerse ontmoetingsplaats hebben uitverkoren.

Souvenirs

Van de vele op Ottomaanse tradities geïnspireerde kunstnijverheidsproducten

Feiten en cijfers

Ligging: de Turkse westkust strekt zich uit van 40° 10' in het noorden (op gelijke hoogte met Tarento) tot 36° 60' in het zuiden (ter hoogte van Tunis).
Tijd: Turkije maakt deel uit van de Oost-Europese tijdzone. Het hele jaar door is het hier een uur later dan in de Benelux, ook gedurende de zomertijd.
Grootte: de afstand van Çanakkale in het noorden tot het uiterste zuiden is het ongeveer 680 km (ca. 9 uur rijden).
Oppervlakte en inwonertal: de vijf provincies van de westkust, Çanakkale, Balıkesir, İzmir, Aydın en Muğla, beslaan een oppervlakte van 57.145 km² en hebben ongeveer 7,2 miljoen inwoners.
Rivieren: Meander (Turks: Büyük Menderes, 550 km), Hermos (Turks: Gediz, 405 km), Kaystros (Turks: Küçük Menderes, 140 km), Skamander (Turks: Karamenderes, 110 km).
Hoogste bergen: het hoogste gebergte is de Gölgeli Dağları bij Köyceğiz met een hoogste top van 2295 m; de gemiddelde hoogte ligt rond 1000 m.
Oudste steden: İzmir, de grootste stad, heette onder Griekse protectie sinds 1100 v.Chr. Smyrna, maar bestaat al ongeveer 5000 jaar; in Hettitische spijkerschriftteksten staat de stad vermeld als Ti-smurna. Daarmee is het ongeveer even oud als Troje, dat in het Hettitisch Wilusa heette, en in het Grieks Ilion.

Kennismaking, de Turkse westkust in cijfers

zijn sommige ook van bijzonder hoge kwaliteit: hiertoe behoren objecten van messing of koper (presenteerbladen, kannen), met islamitische of historische motieven beschilderd aardewerk, vazen en andere voorwerpen die uit onyx of albast zijn gesneden, meerschuimpijpen en natuurlijk tapijten en kelims. Maar let op: veel van wat als oud wordt aangeprezen, is dat helemaal niet. Bovendien geldt de uitvoer van antiquiteiten (van voor 1918, ook oude stenen en fossielen) als een misdrijf waarvoor men de gevangenis in kan gaan.

Ook sieraden van goud en zilver, waarvan de prijs altijd naar het gewicht wordt berekend, zijn hier veel te vinden. Bij goud moet u eigenlijk alleen goede kwaliteit vanaf 14 karaat (585/1000) kopen. In het binnenland kunt u bij de plaatselijke makers goedkope gebreide kleding met nomadenpatronen kopen, en verder kruiderijen, honing en confituren.

De Turkse vlag

strikte scheiding tussen de mannen- en de vrouwenwereld. Het huis is aan de vrouw, de straten en de theehuizen zijn aan de man – voor gezinnen of paren is er een *aile salonu,* een van de mannenruimte afgezonderd deel. In de toeristencentra speelt dat tegenwoordig nauwelijks nog een rol, maar wel in de rest van het land. Bij uitstapjes naar het binnenland dienen mannen daarom steeds mannen om inlichtingen of hulp te vragen; vrouwen kunnen zich beter tot Turkse vrouwen richten.

Vakantieliefde

In de vakantieplaatsen en de grote hotels hebben veel obers zich gespecialiseerd in een uiterst charmante behandeling van vrouwelijke gasten – en met groot succes. Toen een Brits boulevardblad de foto van een zestienjarige publiceerde, meldden zich ruim dertig meisjes die met hem naar bed waren geweest. Meestal proberen de charmeurs hun geluk met charme en humor, maar ze kunnen ook zeer vasthoudend zijn. Het heeft weinig zin boos te worden, want elk lachje wordt al als een uitnodiging opgevat.

Belangrijke zinnen: waar kom je vandaan – *nereden geliyorsun* (nèrèdèn gèljorsoen)? Wat ben je mooi – *çok şıksın* (tsjok sjeksen). Ben je getrouwd – *evli misin* (èvli missin)? Laat me met rust – *beni rahat bırakın* (bèni rahat beraken). Ga weg – *defol!*

Vanouds bestaat er in Turkije een

Natuurbescherming

Langs de Turkse westkust strekken zich grote bossen over het berglandschap uit. Door de opwarming van de aarde neemt het gevaar van bosbranden echter toe. Daarom is hier net als overal in het Middellandse Zeegebied waakzaamheid geboden. Het Turkse ministerie voor Milieu en Bosbehoud investeert miljoenen in voorlichtingscampagnes en bescherming tegen bosbranden. De kinderen krijgen op de basisschool al onderricht in het behoud van bossen.

Houd u bij een picknick, een autorit of een bezoek aan archeologische vindplaatsen aan de volgende regels: geen flessen van glas of plastic achterlaten, want deze werken als een brandglas, en geen brandende sigaretten wegwerpen. Open vuur is streng verboden; de verbodsborden zijn voor iedereen duidelijk. Bel bij brand met uw mobiele telefoon het alarmnummer 112.

Geschiedenis, heden, toekomst

Antieke oudheid en hellenisme

In het 2e millennium v.Chr. zijn de Hettieten oppermachtig in het binnenland van Klein-Azië. De westkust staat eerst onder invloed van de Minoïsche cultuur van Kreta, daarna van de Myceense cultuur. In het noorden beheerst de handelsstad Troje de Dardanellen. In 1185 eindigt volgens de overlevering uit de oudheid de Trojaanse Oorlog.

Griekse volken trekken vanaf 1100 v.Chr. naar Klein-Azië: Ioniërs stichten Efeze en Doriërs vestigen zich op Rhodos. Deze twee volken zijn de volgende duizend jaar bepalend voor de geschiedenis van de zuidelijke westkust, waar de Cariërs wonen. De Griekse steden aan de kust maken vanaf de 6e eeuw v.Chr. een culturele bloei door, die zelfs niet ten einde loopt na de onderwerping door de Perzen omstreeks 546 v.Chr.

De opstand van de Ionische steden in 499 v.Chr. lokt de Perziche Oorlogen uit. Athene voert strijd, maar Klein-Azië blijft Perzisch. In 377-353 v.Chr. heerst de Carische vorst Mausolus als Perzische satraap over het zuidwesten van Klein-Azië en maakt van Halicarnassus, het huidige Bodrum, een koningsstad.

Met de veldtocht van Alexander de Grote door het Perzische Rijk wordt vanaf 334 v.Chr. de hele kust Grieks. In de periode van de diadochen na de dood van Alexander doen Pergamon in het noorden en Rhodos in het zuiden zich als de belangrijkste machtscentra gelden.

In de 2e eeuw v.Chr. brengen de Romeinen Klein-Azië onder hun macht; Efeze wordt de provinciehoofdstad. In 46 n.Chr. begint de christelijke missie; in de 3e eeuw is het westen van Klein-Azië het geestelijk centrum van het christendom.

Het Byzantijnse Rijk en het Ottomaanse Rijk

In 330 verplaatst keizer Constantijn de Grote de hoofdstad van Rome naar Byzantium (Constantinopel, het huidige Istanbul). Het christendom wordt de staatsgodsdienst van het Romeinse Rijk, en Klein-Azië blijft tot in de 10e eeuw een kernregio van het Oost-Romeinse ('Byzantijnse') Rijk.

In de 11e eeuw komen in Anatolië de Turkse Seldjoeken aan de macht. Langs de kust worden kleinere emiraten opgericht, zoals dat van de Menteşe bij Bodrum en Milas. Tijdens de kruistochten (1096-1204) vestigen zich Genuezen en Venetianen in versterkte kustplaatsen. In 1309 verovert de kruisridderorde van de johannieters Rhodos en bouwt in Bodrum de Petrusburcht.

In 1453 verovert de Ottomaanse sultan Mehmet II Constantinopel en bezegelt het einde van het Byzantijnse Rijk. De kuststeden blijven echter in meerderheid bevolkt door Grieken. In 1821-1830 strijden de Grieken van het vasteland voor hun onafhankelijkheid tegen het Ottomaanse Rijk, dat pas in de Eerste Wereldoorlog ineenstort.

Turkse Republiek

In 1923 loopt Griekenlands poging om West-Turkije te annexeren uit op een fiasco: 1,5 miljoen Grieken in Klein-Azië moeten het land verlaten. Mustafa Kemal, die zich later Atatürk noemt, roept de Turkse Republiek uit. Met zijn omvangrijke hervormingen stuurt hij aan op een verwestersing van het land. Hij sterft in 1938, maar het eenpartijbewind van zijn Republikeinse Volkspartij (CHP) eindigt pas in 1950, als de conservatieven de verkiezingen winnen.

Geschiedenis, heden, toekomst

Economische problemem en politieke conflicten beantwoordt het leger driemaal (1960, 1971, 1980) met een staatsgreep. Hierbij neemt het leger tegenover de politiek steeds een positie in als hoeder van de staat en houdt daarmee ook de a-religieuze grondwet en de oriëntatie op het westen in stand.

Turgut Özal (AnaP) voert vanaf 1983 een liberale economische hervorming in. Daarmee begint de toeristische ontwikkeling van de westkust. Het land maakt een enorme modernisering door, maar die brengt alleen een kleine elite welvaart. Tevens daalt de Turkse lira sterk in waarde (wel 100% per jaar).

In 1995 boeken de moslims een grote winst bij de verkiezingen en komen zelfs in de regering, maar ze worden in 1997 onder druk van het leger aan de kant gezet.

Heden en toekomst

Na een grote inflatiecrisis behaalt de gematigde islamitische AK-partij in 2001 de absolute meerderheid. De leider Tayyip Recep Erdoğan wordt minister-president. De AKP streeft enerzijds met hervormingen naar toenadering tot de Europese Unie, maar anderzijds ook naar een sluipende islamisering van Turkije. Als de AKP in 2007 opnieuw de absolute meerderheid behaalt, laat premier Erdoğan zijn minister van Buitenlandse Zaken Ahmed Gül tot president kiezen.

Door de financiële crisis van 2008 raken de onderhandelingen over toetreding tot de EU (sinds 2005) in het slop. Erdoğan haalt de betrekkingen met Iran en Rusland aan, vooral uit economische overwegingen. Dankzij de strenge regulering van de Turkse financiële sector kan Turkije de crisis goed doorstaan. Al in 2010 haalt de Turkse economie weer een groeipercentage van 7%.

De Ergenekon-affaire brengt in 2010 een politieke aardschok teweeg – hoge militairen worden gevangengezet omdat ze een staatsgreep zouden beramen. Datzelfde jaar wijzigt de AKP de grondwet om de macht van de republikeinse elite in te tomen.

Antieke pracht bij de Celsusbibliotheek in Efeze

Overnachten

In Turkije bestaat een gigantisch aanbod aan hotels in elke categorie, en er wordt nog steeds bijgebouwd. In alle plaatsen langs de kust staan tegenwoordig nieuwe luxehotels pal naast bouwplaatsen en tal van oudere hotels. De chicste hotelcomplexen (waarvan vele in de brochures staan) liggen overigens op grote afstand van de uitdijende stads- en dorpscentra. Als u voor zo'n hotel kiest, krijgt u meestal weinig mee van de karakteristieke sfeer van het land. Maar als u toch ook iets van het land zelf wilt ervaren, hebt u volop keus uit hotels in of nabij een plaatselijk centrum – misschien helemaal niet zo luxueus, maar wel midden in het leven.

Goede locaties voor gezinnen zijn Ilıca nabij Çeşme, Bitez nabij Bodrum, en İçmeler nabij Marmaris en Sarıgerme. Voor sportieve vakanties heeft Marmaris en omgeving het meest te bieden. Kuşadası is een goede standplaats voor dagtochten naar de grote vindplaatsen uit de oudheid. De populairste uitgaanscentra zijn in Kuşadası, Gümbet, Bodrum-Centrum en Marmaris te vinden. Als een vaak onderschatte vakantiebestemming, ook voor een lang weekend, biedt İzmir een gevarieerde Turkse ambiance: luxehotels, oosterse bazaars, uitstekende musea en trendy clubs.

Hotelcheck: als u wilt weten hoe uw hotel werkelijk is, kunt u op diverse forums op internet informatie inwinnen. Als u niet alleen geklaag over slecht eten en verdunde alcoholische dranken wilt horen, maar ook positieve waarderingen en uitvoerige beschrijvingen, kijk dan bijvoorbeeld op www.holidaycheck.nl.

Hotels en pensions

De hotels (Turks *otel*) worden door het ministerie van Toerisme ingedeeld in categorieën met sterren. Vanaf drie sterren biedt een hotel standaard een zwembad en ontbijtbuffet, en spreekt men vreemde talen min of meer goed. Vijfsterrenhotels bieden de entourage van een clubhotel, de hotels met minder dan drie sterren komen overeen met een pension.

In alle vakantiestadjes aan de kust zijn tal van aangename **pensions** (Turks *pansiyon*) te vinden, die doorgaans een gemoedelijke sfeer bieden en hier en daar zelfs over een zwembad beschikken. Maar belangrijk is wel dat u eerst de kamer bekijkt voordat u boekt (bedden, douche, wc-spoeling).

Vrijwel altijd is het ontbijt bij de kamerprijs inbegrepen. Voor bescherming tegen muggen (horren) wordt echter nauwelijks gezorgd; een spuitbus, of beter nog een muskietennet, kan in de periode van juni-september goed van pas komen.

Vooral het aantal op een reusachtig terrein aangelegde clubhotels is enorm toegenomen. De meeste bieden naast een compleet amusementsprogramma ook all-inbediening: u krijgt een plastic armband en kunt zonder bijbetaling eten en drinken krijgen (waarvoor u echter vaak wel lang in de rij moet staan). Als u voornamelijk zon en ontspanning zoekt, bent u hier aan het juiste adres; maar van het land zelf merkt u verder weinig. Als u ook iets van Turkije wilt zien, moet u toch ook eens de uitgang opzoeken. Dat geldt overigens in het bijzonder voor liefhebbers van lekker eten, want de grootschalige keuken wil nog wel eens tegenvallen.

Overnachten

Zwembad met zeezicht: een clubhotel bij Marmaris

Appartementen en studio's

In alle vakantieplaatsen verhuren particulieren ook appartementen in kleine huisjes: meestal een slaapkamer, een woon-slaapkamer met eenvoudige keuken en douche / wc. De prijs voor een eenvoudig appartement is te vergelijken met die van een pension. U krijgt weliswaar geen ontbijt, maar u kunt wel zelf koken. Meestal liggen deze huisjes rustig te midden van groen, maar zelden pal aan het strand.

Zo eens in de drie dagen wordt er schoongemaakt. Grote bijkomende kosten zijn er niet. Beddengoed en handdoeken staan ter beschikking; zonder toeslag voor een laatste schoonmaak.

Reserveren en prijzen

Behalve in het hoogseizoen van half juli tot eind augustus is altijd overal wel een vrije kamer te vinden. Maar als u graag verzekerd wilt zijn van een bepaald hotel, kunt u beter reserveren. Vrijwel alle hotelhouders spreken Engels of Duits. Turken nemen de telefoon bijna nooit op met hun naam, maar zeggen alleen *efendim* (hallo). Via tal van toeristische websites kunt u rechtstreeks boeken (meestal de luxe- en middenklassehotels). Veel particuliere hotels hebben ook een eigen website, maar die bieden zelden echt voordeel, want ter plekke kunt u meestal een lagere prijs bedingen. Ook in Turkije zijn de prijzen vrijwel altijd in euro of dollar aangegeven. Luxe- en middenklassehotels hanteren ter plekke echter tarieven die aanzienlijk boven de all-inprijs liggen (2 pk vanaf € 150); kleine pensions en appartementen zijn te krijgen voor € 20-45. Afhankelijk van het seizoen kunnen de prijzen overigens met 40% variëren. De standaardprijs geldt in het geval van twee personen, voor singles geldt een kleine opslag (rond 20%); voor een extra bed betaalt u ongeveer 30% meer. Voor kleine kinderen rekent men meestal niets.

Eten en drinken

De Turkse keuken

De Turkse keuken staat bekend om de combinatie van talrijke invloeden uit de keukens van de diverse volken binnen het voormalige Ottomaanse Rijk: van Griekse en Arabisch tot Bulgaars en Kaukasisch. Er is een grote keus aan **voorgerechten** (Turks *mezeler),* waarmee hier zoiets wordt bedoeld als de Spaanse tapas: kleine hapjes als smaakmaker, waarbij men vaak ook alcohol drinkt. De voorgerechtjes variëren van allerlei salades en groentepasteitjes tot koude of warme stoofgroenten en ingelegde stukjes inktvis of gebakken lever. In veel restaurants kunt u zich zelf aan een buffet bedienen.

Bij de **hoofdgerechten** domineren vooral grillgerechten van kip, lams- of rundvlees, en aan de kust natuurlijk ook veel gerechten met vis en schelpen schaaldieren (zie hieronder). Varkensvlees wordt niet geserveerd, omdat de Koran dit verbiedt.

Probeert u beslist eens de over het algemeen heerlijke stoofgerechten, die in eenvoudige restaurants *(lokanta* genaamd) in warmhoudvitrines worden gepresenteerd. In de toeristische restaurants biedt men dergelijke groente-vleescombinaties vaak aan onder de Engelse benaming *casserolle* – maar hierbij is doorgaans de bereidingstijd niet lang genoeg geweest.

Een populair **dessert** is fruit (bijvoorbeeld *karpuz,* watermeloen) of ijs *(dondurma).* Maar ook zoet gebak smaakt heerlijk bij een kopje koffie, zoals *baklava* (zoet honinggebak met walnoten en pistachenoten).

Restaurants

In alle vakantieplaatsen hebt u een enorme keus aan restaurants. Een all-inverblijf in een hotel is eigenlijk minder interessant, want met een beetje durf kunt u uw vakantie ook tot een culinaire belevenis maken.

Over het algemeen geldt dat restaurants van het land zelf goedkoper zijn en meer variatie bieden – en zeker niet slechter zijn. Zulke restaurants noemt men bijvoorbeeld *pide salonu* (met deeggerechten), *köftecisi* (met gehaktballetjes) of *lokanta* (met grill- en stoofgerechten). De meeste zijn te vinden in de buurt van het busstation. Hier kunt vaak de voorgekookte gerechten op een warmhoudplaat uitzoeken en krijgt u een goede maaltijd voor ruim € 7.

In het verfijndere *restoran* ligt het prijsniveau aanmerkelijk hoger, zeker als men een Europese of Aziatische keuken biedt. In toprestaurants betaalt u zelfs meer dan in eigen land – zonder de bijbehorende kwaliteit. Meestal wordt het aanbod in de koelvitrine in diverse talen toegelicht.

De vis wordt duur betaald

Verse vis uit de Middellandse Zee is in principe pittig geprijsd – in de toeristencentra vaak zelfs schaamteloos duur – ook als de vis uit een kwekerij afkomstig is. In bepaalde toprestaurants in Bodrum betaalt men bijvoorbeeld voor een 'visplateau' al gauw € 75 of meer. Daarom is het dringend aan te bevelen bij het wegen aanwezig te zijn en vooraf naar de prijs te informeren.

Eten en drinken

Keurige presentatie van heerlijkheden uit de Middellandse Zee

Dranken

Thee (Turks *çay*) is de nationale drank en tevens een symbool voor gastvrijheid. Zwarte thee wordt sterk gezet en dan verdund in kleine glazen geserveerd; in de theetuin (Turks *çay bahçesi*) kunt u ook een samovar (Turks *semaver*) bestellen en de procedure zelf ter hand nemen. De Turkse **koffie** (Turks *kahve*) is meestal alleen te krijgen in de betere restaurants. Deze wordt van tevoren gezoet en met drab onderin geserveerd.

De Turkse **wijn** (Turks *şarap*, wit: *beyaz*, rood: *kırmızı*) is niet per se slechter dan geïmporteerde wijn. De bekendste wijnregio is de noordelijke streek van het kustgebied; de druiven komen onder de naam çanakkale op de markt. Overigens komt de rode wijn vaak veel te warm op tafel; de witte wijn wordt ijskoud geserveerd.

Bier (Turks *bira*) wordt in Turkije veel meer gedronken dan wijn. Er zijn veel buitenlandse importbieren, maar het eigen product **Efes** is uitstekend te drinken. Een karakteristieke drank uit de traditionele keuken is **ayran**, een verdunde en gezouten yoghurtdrank.

Naast *çay* en *ayran* is **rakı** de derde kenmerkende drank van Turkije. Dit is een sterke drank met anijssmaak, zoals ouzo; traditioneel drinkt men deze ongekoeld en met wat water verdund. Omdat de drank er dan melkachtig uitziet, noemt men deze ook wel *aslan sütüsü*, 'leeuwenmelk'. Het drankje komt inderdaad op fluwelen poten aan, en werpt ten slotte de sterkste leeuw om. Overigens: 'proost' is in het Turks *şerefe* (uitgesproken als sjèrèfè)!

> **'De rekening, alstublieft'** is in het Turks *'Hesap lütfen.'* Het is in Turkije ongebruikelijk om in een groep per persoon te betalen. Een **fooi** is altijd welkom, maar een te klein bedrag wordt als belediging opgevat: veel of helemaal niks is hier het motto.

Praktische informatie

Reizen naar de Turkse westkust

Met het vliegtuig

De luchthavens Milas-Bodrum en Dalaman in het zuiden worden alleen bediend door chartervluchten. Diverse prijsvechters vliegen hierheen vanuit Amsterdam of Brussel, zoals Transavia (www.transavia.com), Corendon (www.corendon.nl), Thomas Cook (www.thomascookairlines.com) en Jetairfly (www.jetairfly.com). Turkish Airlines (www.turkishairlines.nl) en KLM (www.klm.nl) verzorgen lijnvluchten met een tussenstop in Istanbul. Op de luchthavens zijn steevast geldwisselkantoren en autoverhuurbedrijven aanwezig.

İzmir Airport: 25 km ten zuiden van het stadscentrum. Er rijden alleen pendelbussen naar İzmir-Centrum van de vluchten van THY (Turkish Airlines). Een taxirit naar İzmir kost ca. € 25.

Bodrum Airport: 40 km van Bodrum in de richting van Güllük. Er rijden geen pendelbussen. Een taxirit naar Bodrum kost ca. € 40.

Dalaman Airport: ongeveer 7 km ten zuiden van de stad Dalaman. Er rijden geen pendelbussen. In de badplaatsen rijden taxi's voor een vast, duidelijk aangegeven tarief. In Dalaman (taxirit ca. € 6) stoppen de intercitybussen naar Fethiye en naar İzmir of Marmaris.

Met de auto

De route over land via de Balkan is niet aan te raden vanwege de hoge visakosten. Eventueel rijdt u in Zuidoost-Europa via de EU-landen Hongarije, Roemenië en Bulgarije. Van de Turkse stad Edirne rijdt u dan naar de Dardanellen, waar elk uur een autoveerboot van Gelibolu naar Lapseki of van Eceabat naar Çanakkale vaart. Een alternatief is de veerboot van Ancona in Italië naar Çeşme.

Automobilisten dienen te beschikken over een paspoort, het nationale rijbewijs, de autopapieren en de groene verzekeringskaart, die geldig moet zijn voor het Aziatische deel van Turkije. Een allriskverzekering is wenselijk.

Douane

Voor Turkije is een paspoort of een identiteitskaart (voor niet-automobilisten) nodig dat bij aankomst nog minimaal drie maanden geldig is. Een visum is vereist, en is bij binnenkomst in Turkije te koop (€ 10). Ook kinderen hebben een paspoort nodig. Mobiele telefoons, laptops en surfboards moeten worden aangegeven.

Douanebepalingen: bij de terugreis mag men per persoon (ouder dan 17 jaar) 200 sigaretten en 1 l drank met een alcoholpercentage boven 22% belastingvrij uitvoeren. De invoer van gebruiksgoederen en cadeaus is belastingvrij tot een waarde van € 430.

Let op bij vertrek: er gelden extreem strenge wetten tegen drugssmokkel (neem geen pakjes mee van iemand die u op vakantie hebt leren kennen!) en tegen de illegale uitvoer van 'oudheden' van welke aard dan ook, zelfs stenen.

Reizen langs de Turkse westkust

Met het vliegtuig

Türk Hava Yolları, de Turkse staatsmaatschappij, en SunExpress verzorgen goedkope binnenlandse vluchten naar alle grotere steden van Turkije, maar meestal lopen de verbindingen in een

Praktische informatie

stervorm via Istanbul of Ankara. Tussen İzmir, Bodrum en Dalaman reist u dus steeds via Istanbul.

Met de trein

De Turkse westkust beschikt niet over spoorverbindingen.

Met de bus of dolmuş

De bus is in Turkije het belangrijkste openbare vervoermiddel. Comfortabele intercitybussen rijden om de twee uur tegen tamelijk lage tarieven (ca. € 5 voor 100 km) tussen alle grote plaatsen. De busstations (*otogar*) liggen meestal aan de rand van de stad; van en naar het centrum (*şehir merkezi*) rijden minibussen. Reserveren is alleen nodig op islamitische feestdagen (zie blz. 22); doorgaans kunt u gewoon in de bus betalen. Het vervoer van en naar de dorpen en de plaatsen met veel hotelcomplexen voor toeristen wordt verzorgd met minibussen. Deze zogeheten **dolmuş** functioneren in feite als gemeenschappelijke taxi: ze vertrekken pas als bijna alle zitplaatsen bezet zijn, en onderweg laten ze overal passagiers in- en uitstappen. Het centrale busstation is meestal de halteplaats van de intercitybussen; anders kunt u deze langs de route aanhouden door een hand op te steken. De bestemming staat op de vooruit aangegeven; kaartjes worden in de bus verkocht (tot 5 km ca. € 2 per rit).

Met de taxi

Taxi's zijn in Turkije bijzonder goedkoop (ca. € 0,80 per km volgens de taximeter). Ritten vanaf luchthavens en grote hotels zijn echter duurder. De taxi's zijn allemaal geel en moeten voorzien zijn van een meter; let er bij vertrek op dat deze wordt aangezet. Voor langere afstanden of voor een excursie kunt u met de taxichauffeur ook een vast bedrag overeenkomen. In dat geval moet u vooraf over de prijs onderhandelen.

Met de veerboot

Er zijn enkele veerdiensten die geschikt zijn voor een excursie: tussen Bodrum en Datça vaart een boot die plaats biedt aan enkele auto's (zie blz. 86). Van Bodrum-Yalikavak of Turgutreis naar Didim en van Bodrum naar Gelibolu / Marmaris varen ook snelle draagvleugelboten, maar die hebben geen ruimte voor een auto (zie blz. 86).

Met de auto

Het wegennet in de Turkse westkust verkeert in goede staat. De hoofdwegen zijn bijna allemaal driebaans. In het binnenland staan de zaken er echter anders voor. In bergachtige gebieden zijn smalle, bochtige weggetjes, die zelfs langs steile afgronden niet beveiligd zijn, geen uitzondering. Turkse automobilisten rijden meestal voorzichtig, maar trekken zich soms weinig aan van de verkeersregels. Het verkeer in de steden is in het spitsuur behoorlijk chaotisch.

Huurauto: in alle vakantieplaatsen zijn auto's te huur. Voor vertrek kunt u het best de auto nakijken op beschadigingen en controleren of het reservewiel in orde is. De dagprijzen variëren van € 25 tot 55 voor een personenauto en van €60 tot 80 voor een jeep of een grotere auto. In het laagseizoen valt er wel over de prijs te onderhandelen. Als u niet over een creditcard beschikt, moet u vooraf een aanzienlijk bedrag contant als borg betalen.

Benzinestations zijn over het algemeen ook op zondag geopend, langs de snelwegen vele zelfs 24 uur per dag.

Waarschuwingsborden:
Dikkat: Let op / Dur: Stop
Yavaş: Langzaam
İnşaat: Wegwerkzaamheden
Tek Yön: Eenrichtingsverkeer
Şehir Merkezi: Stadscentrum

Praktische informatie

Tips: Turkse automobilisten claxonneren voor het inhalen. Dit is niet bedoeld om u op te jagen, maar is een kennisgeving: het is gebruikelijk dat men ruimte maakt voor de inhalende automobilist. Ook het driebaanssysteem, waarbij in beide richtingen wordt ingehaald, vraagt enige gewenning. Rijd hierbij ver naar rechts, zodat de inhalers genoeg ruimte hebben.
Verkeersregels: de maximumsnelheid binnen de bebouwde kom is 50 km/u, op autowegen 90 km/u, en op snelwegen 130 km/u. Autogordels zijn verplicht en de alcohollimiet is 0,5 promille (bij een ongeval betaalt de verzekering alleen uit bij een promillage van 0). De verkeersborden komen overeen met die in West-Europa.
Ongeval: in het geval van schade die onder een aansprakelijkheids- of cascoverzekering valt, moet de politie procesverbaal opmaken. Hierbij wordt altijd een alcoholtest afgenomen. Bij een ernstig ongeval of persoonlijk letsel kunt u het best via het consulaat (adres zie blz. 25) een Nederlandstalige advocaat inschakelen om u terzijde te staan. Stel in ieder geval ook meteen het verhuurbedrijf op de hoogte.

Feestdagen

De officiële feestdagen hebben in Turkije vaak het karakter van een volksfeest. Veel Turken zijn op zo'n dag bijvoorbeeld 's ochtends aanwezig bij een grote optocht van scholieren die samenkomen bij een monument voor Atatürk, waar patriottische toespraken worden afgestoken, en vieren de rest van dag feest. Een interessante feestdag is 'Kinderdag' in april, met optredens van dansgroepen in oude klederdracht.

1 januari: Nieuwjaar; oudejaarsavond wordt alleen in de grote steden gevierd.
23 april: Kinderdag en de dag van de nationale souvereiniteit. Uitvoeringen van kinderdansgroepen.
19 mei: dag van de jeugd en van de sport. Optredens van jongerengroepen en sportverenigingen.
30 augustus: dag van de overwinning (*zafer bayramı*). Optochten en militaire parades.
29 oktober: dag van de republiek (*cumhuriyet bayramı*). Optochten en militaire parades.

Feesten en festivals

Religieuze feesten

Religieuze feestdagen worden aan de hand van de islamitische kalender vastgesteld, en schuiven daardoor elk jaar tien tot elf dagen naar voren.
Ramadan: in 2012 vanaf 20 juli, in 2013 vanaf 9 juli. In de vastenmaand mogen moslims tot zonsondergang niet eten, drinken, roken of seks hebben. In vakantieplaatsen is hier over het algemeen weinig van te merken, maar

Festivals aan de Turkse westkust

Januari: Efes Deve Güreşi, kamelenwedstrijd in Selçuk
Maart: feest ter herdenking van de Slag om Gallipoli in Çanakkale (18 mrt)
Mei: Marmarisfestival (www.marmarisfestival.com)
Juni: Internationaal İzmir Festival, tot september (www.iksev.org) met voorstellingen in het antieke theater van Efeze; Gold Pigeon Music Festival in Kuşadası
Juli: internationale zangwedstrijd in Çeşme
Augustus: cultureel festival in Bodrum; Foça Rock Festival; Troje Festival in Çanakkale

Praktische informatie

in het binnenland houdt de bevolking zich strikt aan deze voorschriften. Overdag zijn de meeste cafés dan gesloten en na zonsondergang is het er stampvol.
Şeker Bayramı: in 2012 vanaf 19 aug., in 2013 vanaf 8 aug. Tijdens het Suikerfeest, dat drie dagen duurt, viert men het einde van de vastenmaand ramadan. De kinderen krijgen snoepgoed, volwassenen kopen nieuwe kleren en iedereen geeft zich over aan overvloedige maaltijden.
Kurban Bayramı: in 2012 vanaf 25 okt., in 2013 vanaf 15 okt. Het Offerfeest is het belangrijkste islamitische feest en herinnert aan Abraham die bereid was zijn zoon te offeren, een symbool van de onderwerping aan Gods wil. Wie het zich kan veroorloven, slacht een dier voor een feestmaal met de hele familie, en schenkt een deel ervan aan de armen.

Volksfeesten en festivals

Een levendige feesttraditie als in Italië of Spanje hoeft u bij de moslimbevolking van Turkije niet te verwachten. In islamitische landen bestaat er, in tegenstelling tot katholieke landen, geen verband tussen belangrijke religieuze dagen en algemene feestdagen. Bij feesten in de privésfeer, zoals naar aanleiding van een huwelijk of een besnijdenis, traden vroeger wel rondtrekkende muzikanten op. Tegenwoordig houdt men zo'n feest, als men het zich kan veroorloven, in een toeristenhotel.
Maar het toerisme heeft wel de aanzet gegeven tot een hele reeks festivals met verschillende soorten concerten (klassiek, popmuziek) en een uiteenlopende reeks evenementen op het gebied van cultuur en sport (zie hiernaast).

Geld

De nationale munteenheid is de Turkse lira (Türk Lirası, TL, sinds 2009). De voorgaande Nieuwe Turkse lira (Yeni

> **Zoekgeraakte kinderen:** in de grote eenvormige hotelcomplexen kunnen kinderen die op onderzoek uit gaan gemakkelijk de weg kwijtraken. Het is handig om meteen na aankomst de omgeving en het strand samen met de kinderen te verkennen en oriëntatiepunten aan te wijzen. Het kan ook geen kwaad om hun een briefje mee te geven met de naam van het hotel waar u logeert.

Türk Lirası, YTL, sinds 2005) is niet meer geldig. De wisselkoers: € 1 = ca. TL 2,44 (september 2011). De lira is onderverdeeld in 100 kuruş. In toeristische gebieden zijn de euro en het Britse pond wijdverbreid als alternatief betaalmiddel. Bij de banken zijn genoeg geldautomaten beschikbaar voor EC / Maestro-bankpassen. Aangezien de kosten per transactie berekend worden, is het handig om meteen een groot bedrag op te nemen.
Let op: de geldautomaten bij wisselkantoren zijn bijzonder duur: u betaalt een commissie van soms wel 15%.

Gezondheid

Voorzorgsmaatregelen

Ernstige verbranding door de felle zon is het meest voorkomende probleem van vakantiegangers. Om dit te voorkomen is een zonnebrandmiddel met een hoge beschermingsfactor dringend aan te bevelen. Om diarree te vermijden, kunt u het best niet te veel ijskoud drinken nemen. Ondanks het gebruik van chloor is het water in zwembaden niet vrij van ziektekiemen. Sommige ouders laten hun kinderen daarom oordopjes gebruiken om ontsteking van de gehoorgang te voorkomen. Controleer in ieder geval of de inentingen (tetanus en difterie) in orde zijn.

Praktische informatie

Het weer in Bodrum

Medische zorg

In de steden is goede doktershulp aanwezig. De artsen spreken meestal ook Engels. Let op: de particuliere ziekenhuizen in vakantiegebieden zijn duur en men behandelt er vaak meer dan nodig. U kunt beter naar een goedkoper overheidsziekenhuis gaan. De medische behandeling dient u contant te betalen. Bepaalde kosten worden naderhand door de verzekering in eigen land vergoed tegen overlegging van uw betaalbewijs. Informeer van tevoren bij uw verzekering.
Een extra ziektekostenverzekering voor op reis is aan te raden in verband met de hoge kosten van een ongeval, transport naar huis of overlijden.

Apotheken

Voor kleine ongemakken kunt u terecht bij een apotheek (*eczane*). Turkse apothekers geven ook medische adviezen en verkopen medicijnen zonder recept tegen een lage prijs. Indien de apotheek is gesloten, staat het adres van de waarnemer altijd duidelijk zichtbaar aangegeven op de deur.

Informatie

In Nederland

Turks Verkeersbureau
Hofweg 1c, 2511 AA Den Haag
tel. 070 346 99 98 / 070 346 77 67
www.welkominturkije.nl

In België

Turkse Dienst voor Toerisme
Montoyerstraat 4 B, 1040 Brussel
tel. 02 513 82 30 / 02 502 26 21
tourisme.turc@busmail.net

In Turkije

In alle grotere plaatsen staat een toeristenbureau (Turizm Danigna Borosu) van de overheid. De medewerkers doen echter niet veel meer dan het uitdelen van folders. Voor (bijna) alle vragen kunt u ook terecht bij particuliere reisbureaus en reisagentschappen, die tot in in de kleinste vakantieplaatsen te vinden zijn.

Op internet

De meeste toeristische sites hebben een Engelse (en vaak ook een Duitse) versie. Bij het zoeken hoeft u zich niets aan te trekken van de bijzondere tekens in het Turkse alfabet; een trema kunt u bijvoorbeeld zonder bezwaar weglaten (dus Gokova in plaats van Gökova).
http://turkije.startpagina.nl: op deze website vindt u veel links naar pagina's met accommodatie, restaurants en officiële instanties. Verder zijn er ook links naar websites over specifieke steden of regio's.
www.welkominturkije.nl: site van het Turks Verkeersbureau, met veel toeristische informatie over bestemmingen, bezienswaardigheden en accommodaties in heel Turkije.
www.kultur.gov.tr: Engelstalige website met informatie over alle Turkse regio's, met musea, bijzondere tentoonstellingen en speciale evenementen. U vindt er ook inlichtingen over actuele

Praktische informatie

culturele manifestaties, zoals de data van openluchtfestivals aan de kust.
www.turkishdailynews.com: Engelstalige site van de grootste krant van Turkije, *Hürriyet*.

Kinderen

Tips vooraf

Alles wat voor kleine kinderen op vakantie nodig is, zoals luiers en babyvoeding, is ook in Turkije te koop, met name in de moderne supermarkten, zoals Migros of Gima, die in alle grotere plaatsen aan de kust te vinden zijn. Neem wel uit eigen land een zonnebrandmiddel met een hoge beschermingsfactor mee; dit is erg duur in Turkije.

Ook badschoentjes en middeltjes tegen lichte kwalen en verwondingen zijn handig. Het is aan te raden om voor kleine kinderen 's zomers in ieder geval een muskietennet mee te nemen, want de muggensteken veroorzaken bij baby's vaak enorme bulten.

Zonnebrand

's Middags tussen 12 en 15 uur zijn de zonnestralen te fel voor de kinderhuid. Zelfs een T-shirt biedt dan onvoldoende bescherming tegen de zon; de uv-straling wordt slechts voor 30% tegengehouden. Een zonnebrandmiddel met een hoge beschermingsfactor (30-60) is dan ook beslist noodzakelijk.

Turkse kinderen slapen 's middags en blijven daarna tot middernacht op de been – als het een beetje kan, is het handig om dit ritme over te nemen.

Activiteiten

Waterpretparken: bij Kuşadası (zie blz. 64), Bodrum (zie blz. 76) en Marmaris (zie blz. 104) zijn grote waterpretparken

Veiligheid en noodgevallen

Elk jaar staan in de media helaas berichten over dodelijke slachtoffers onder toeristen in Turkije. Meestal gaat het daarbij om sportieve activiteiten of tochten in afgelegen bergstreken. Let er daarom op dat de veiligheidsvoorschriften in Turkije niet helemaal met die in West-Europa te vergelijken zijn. Zo zijn kastelen en ruïnes niet beveiligd tegen ongevallen: in Turkije is iedereen zelf voor zijn lijfsbehoud verantwoordelijk. Excursies naar afgelegen bergstreken zijn onder leiding van een gids in ieder geval veiliger.

Wat ernstige misdrijven betreft is Turkije heel veilig. Bedrog geldt hier echter niet als een vergrijp: wie niet goed oplet, heeft dat aan zichzelf te wijten. Op drukke plaatsen in toeristische gebieden, zoals in de smalle straatjes van Bodrum en Marmaris, moet u iets beter op uw waardevolle spullen letten.

Politie: 155; **Verkeerspolitie:** 154; **Jandarma-politie:** 156
Brandweer: 110; **Ambulance:** 112
Turkse automobilistenclub (TTOK): İzmir, tel. 0212 282 8140
ANWB Izmir: via ANWB Alarmcentrale, tel. +31 88 269 28 88
Alle bankpassen / creditcards blokkeren: tel. 0031 (0)30 283 53 72, zie ook www.pasblokkeren.nl of tel. 0032 (0)70 34 43 44, zie ook www.cardstop.be
Consulaat Nederland: in Izmir – Cumhuriyet Meydani, Meydan Apt. 11/5, Pasaport 35210 Izmir, tel. 0232 464 02 01; in Marmaris – p/a MTS Tourism and Travel, Cildir Mah. 159 Sokak 23/1 48700 Marmaris, tel. 0252 413 26 91.
Consulaat België: in Izmir – Atatürk Cad. 174/1 Ekim Apt. Kat 5 Daire 10 Alsancak 35210 Izmir, tel. 0232 463 47 69.

Praktische informatie

met avontuurlijke glijbanen voor grotere, en aangepaste voor kleine kinderen.
Kasteel van Bodrum: een schitterende ridderburcht (zie blz. 80) met exposities over onderwaterarcheologie en enge kerkers.
Zeilexcursie: dagtocht met een boot naar grotten en baaien (zie blz. 86).

Uit eten

In restaurants zijn de kelners vrijwel altijd bijzonder aardig tegen kinderen. Veel restaurants hebben kinderstoelen, en anders wordt er wel geïmproviseerd. Speciale gerechten voor kinderen zijn er zelden, maar meestal staat er wel pizza, spaghetti of een hamburger op de kaart; zelfs aan speciale wensen voldoet men graag. U kunt ook gewoon vragen om een extra bord – het is in Turkije heel gebruikelijk dat kinderen mee-eten van de gerechten van de ouders.

Klimaat en reisseizoen

Het hoogseizoen is aan de Turkse westkust duidelijker korter dan in het zuiden en duurt slechts van juli tot half september. Een verblijf in het zuiden is hartje zomer nauwelijks aan te raden: dan is het er te warm, te druk en te duur. Bij een temperatuur van meer dan 40 °C valt het niet mee om het zwembad van het hotel te verlaten. Ook 's nachts kan het op de hotelkamer nog 30 °C zijn. Dan zit er weinig anders op dan tot de vroege ochtend naar de bars in de openlucht te vluchten. Waarschijnlijk is er daarom in Bodrum en Marmaris 's nachts meer te doen dan overdag.
Wie veel wil zien, kan het best laat in het voorjaar (begin mei-half juni) gaan. Het groen is dan nog niet verdord en zwemmen in zee is al mogelijk. Vanaf half oktober, in het noorden al vanaf eind september, wordt het regenachtig, winderig en koel. Tot half maart zijn bijna alle restaurants en veel hotels gesloten.

Openingstijden

Banken: ma.-za. 8.30-12, 13.30-16 uur.
Postkantoren: hoofdpostkantoor dag. 8-21, vaak tot 23 uur.
Winkels: voor een deel tot na 22 uur, maar vaak met een middagpauze tot 16.30 uur.
Musea: overwegend di.-zo. 8-17 uur, in het hoogseizoen tot 19 uur.

Roken

Sinds 2009 is het ook in Turkije verboden in openbare ruimten te roken, zelfs in cafés, bars en restaurants. Dit geldt niet voor de ruimten in de openlucht. Bij overtreding betaalt de klant een boete van ca. € 30; de eigenaar krijgt een aanmerkelijk hogere boete.

Reizen met een handicap

Turkije is geen gemakkelijk land voor gehandicapten. De aanleg van trottoirs (en de hoogte daarvan) is een zaak van particulieren, waardoor rondkijken in een stad voor gehandicapten al een zware opgave is. Ook in hotels, zelfs in de luxecategorie, wordt zelden rekening gehouden met gehandicapten.

Sport en activiteiten

Duiken

Diepzeeduiken met perslucht (scuba diving) is alleen onder leiding van een officiële gids toegestaan; zo wil men het duiken naar schatten voorkomen (vondsten uit de oudheid moeten onmiddellijk bij de politie worden afgegeven, zie ook blz. 20). In vakantieplaatsen en de meeste grote hotels kunt u cursussen van vier of vijf dagen volgen voor het PADI- of CMSA-brevet (ca. € 360). De duikschool zorgt voor de uitrusting; de noodzakelijke gezondheidsverklaring kunt u aanvragen bij een Turkse arts.

Praktische informatie

Voor ervaren duikers worden trips en gevorderde cursussen georganiseerd. Voor boekingen en informatie kunt u meestal 's avonds bij de boten voor duiktrips aan de havenkade terecht.

Mountainbiken

Weliswaar is de Turkse westkust niet echt bergachtig, maar ook het heuvelachtige terrein vergt een zeer goede conditie. De beste tijd is de periode maart-mei; daarna wordt het erg warm en moet u grote hoeveelheden water meenemen. In veel vakantieplaatsen zijn relatief goede fietsen te huur en kunt u tochten met een gids boeken.

Parapente

Ölüdeniz is het bekendst, maar ook bij Marmaris zijn enkele spectaculaire mogelijkheden te vinden. Vlak na de haarspeldbochten in de weg omhoog naar Muğla gaat u linksaf bij een wegwijzer. Het hoogteverschil vanaf Sakartepe is ruim 650 m; u vliegt langs een steile wand en landt op het strand van Akyaka, waar ook veel goedkope accommodatie te vinden is. Een brevet is noodzakelijk; voor beginners is de startplek wat lastig. De nog authentieke kustplaats Ören, verder naar het westen, ontwikkelt zich momenteel tot een gemakkelijker alternatief waar niet zulke sterke valwinden zijn.

Rafting en kajakken

Aan de Turkse westkust is eigenlijk alleen de rivier Dalaman, tussen Marmaris en Fethiye, geschikt voor rafting en kajakken. Aanbieders van georganiseerde tochten vindt u in Marmaris en omgeving en in Sarıgerme. Een echte specialist op dit gebied is **Ecoraft** in Marmaris (www.ecoraft.com, afhaalservice vanaf alle hotels). De raftingtochten zijn ook voor beginners geschikt, maar voor het

De mooiste stranden

Ören (▶ C 3): dit lange strand met fijn zand is het beste van de streek langs de Golf van Edremit. Helaas is het water wel iets koeler dan in het zuiden.

Altınkum Beach (▶ A 6): dit strand zonder enige bebouwing is het beste van de regio Çeşme; hier komen ook veel dagjesmensen vanuit İzmir. Een reeks strandbars trekt vooral een jong publiek.

Notion (▶ C 7): het mooie zandstrand bij de antieke stad Notion ten noorden van Kuşadası heeft nauwelijks bebouwing; er staan alleen een paar geïmproviseerde strandrestaurants voor de overwegend Turkse badgasten.

Camel Beach / Kargı (▶ C 9): het strand ten westen van Bodrum kent nog vrijwel geen bebouwing, alleen enkele restaurantjes die ook kamers verhuren. Het strand dankt zijn naam aan de kamelen waarop men een ritje kan maken.

Cleopatra Beach / Sedir Adası (▶ E 9): het strand op het eiland Sehir Adası is bijzonder populair bij dagjesmensen uit Marmaris en omgeving. Fijn zand te midden van een ongerepte natuur, en er zijn bovendien parasols en strandbars.

İztuzu (▶ F 10): het strand bij de Köyceğiz-delta is een van de bekendste en drukste van de regio. In het hoogseizoen racen voortdurend boten door de delta.

Sarıgerme (▶ F 10): dit is een van de mooiste Turkse stranden met fijn zand. Een groot aantal luxe hotels staat er te midden van een ongerept landschap. Het strand is ook toegankelijk voor dagjesmensen en voor gasten van de kleinere hotels in het achterland.

Praktische informatie

kajakken is ervaring nodig. Kajakken langs de kust is minder lastig.

Strandvermaak

Op stranden waar het redelijk druk is, verhuurt men *pedalos* (waterfietsen, € 5 voor 30 min.), motorboten en jetski's (€ 30 voor 30 min.). Populair is *banana riding*: met een snelle motorboot wordt een grote plastic banaan met mensen erop voortgetrokken over het water (€ 10 voor 10 min.). Verder zijn *ringos*, ringvormige luchtkussens die ook door een boot worden voortgetrokken, maar waarop iemand alleen zit, heel populair (€ 10 voor 10 min). Op veel stranden behoren ook watertrampolines en parasailing (aan een scherm achter een boot, € 60 voor 20 min.) tot de mogelijkheden.

Surfen

Surfboards zijn op veel stranden te huur; voor ervaren surfers biedt deze kust echter slechts een paar goede locaties. Naast de bekende surflocatie **Alaçatı** bij Çeşme (zie blz. 44), die veel sportondernemingen aanbieden, is ook het schiereiland Bodrum zeer geschikt; hier is het surfcentrum aan **Fener Beach** een populair adres voor gevorderde surfers (zie blz. 93). Maar ook in **Bitez** is een professioneel surfcentrum (Rush Windsurfing). In het zuiden kunt u nog goed terecht aan de **Golf van Gökova** (surfcentrum in Akyaka) en in de regio **Datça** (zie blz. 112). De streek Marmaris-İçmeler ligt in de luwte en biedt nauwelijks goede surfmogelijkheden. De windkracht varieert niet alleen gedurende de dag (meestal waait het vroeg in de middag het hardst), maar ook per seizoen. Boek daarom bij voorkeur bij gespecialiseerde ondernemingen, die op de hoogte zijn van de omstandigheden.

Wandelen

Wandelaars die op eigen gelegenheid willen gaan lopen, moeten over een goede conditie en veel ervaring beschikken. Betrouwbare kaarten en gemarkeerde routes zijn er niet. Goede voetpaden zijn er ook maar weinig. Alleen maart en april zijn geschikt; de rest van het seizoen is het veel te warm. Trek stevige wandelschoenen aan en neem altijd ruim voldoende water mee, een kompas en voor noodgevallen ook extra proviand. Laat ook bij gemakkelijke wandelingen voor vertrek in ieder geval een bericht in het hotel achter over de geplande route, om eventuele zoekacties te vergemakkelijken. Neem zo mogelijk een mobiele telefoon mee en het telefoonnummer van uw hotel.
Tochten met gids zijn er bijna niet, maar voor wandelvakanties in een landelijke omgeving kunt u terecht bij het Agora Pansiyon in Herakleia / Kapıkırı nabij Milas (Bodrum en omgeving, zie blz. 71): hier kunt u tochten naar de kloosters op de berg Latmos, die bij het Bafa Gölü (Bafameer) ligt, maken.

Duurzaam reizen

Het eenvoudigst reist u naar Turkije per vliegtuig. Via www.co2markt.eu of www.fairclimatefund.nl kunt u wel een financiële bijdrage leveren als klimaatcompensatie voor de daarbij ontstane CO_2-uitstoot. In het land zelf kunt u klimaatvriendelijk reizen door de bus te nemen in plaats van een huurauto, door jetski's te mijden en door zo weinig mogelijk plastic afval te produceren.

'Duurzaam reizen' houdt in Turkije vooral in dat u zich sociaal verantwoord gedraagt door in een traditionele *lokanta* te eten, inheemse producten te kiezen en geen all-invakantie te boeken, maar alleen overnachtingen met ontbijt.

Praktische informatie

Zeilen

Voor het huren van een jacht kunt u veruit het best terecht in Bodrum of Marmaris. Een **zeilvakantie** met een grote gemotoriseerde zeilboot naar allerlei baaien kunt u tegenwoordig ook all-in boeken. De grote touroperators hebben dit soort reizen in hun catalogus opgenomen. Voor wie er moeite mee heeft als haringen in een ton te zitten, is dat echter nogal een waagstuk, omdat de ruimte aan boord meestal erg krap is. Waarschijnlijk is het prettiger en bovendien goedkoper om ter plaatse met een groep van zes tot tien personen een boot met kapitein te charteren.

Zo'n boot is een speciaal voor dit doel gebouwd houten zeilschip met motor, dat *gulet* wordt genoemd. In tegenstelling tot jachten kunnen ze alleen voor de wind zeilen; kruisen kan niet (een kiel ontbreekt). De cabines (altijd tweepersoons) zijn natuurlijk niet te vergelijken met een hotelkamer, maar beschikken vaak wel over een eigen douche / wc. Meestal is er ook een douche aan dek om na het zwemmen het zoute water af te spoelen. Op het bovendek is plek om te zonnen, en via een trapje kunt u het water in en uit. Op de achtersteven is een overdekte plek waar ook gegeten wordt.

Bij boeking ter plaatse variëren de prijzen afhankelijk van het seizoen, de verhuurder en de boot van € 400 tot 1800 per persoon per week. De route, waarbij doorgaans ook een bezoek aan vindplaatsen uit de oudheid is opgenomen, staat meestal vast, maar de kapitein kiest, afhankelijk van de wind, de gunstigste baaien en havens.

Goedkope dagtochten (ca. € 30) worden vaak aangeboden, maar dan vaart u meestal in een groep van zo'n dertig personen. Dikwijls blijken dit discotrips te zijn, waarbij men flink uit de bol gaat. Adressen van verhuurders vindt u bij de plaatsbeschrijvingen.

Zwemmen

De stranden bij de hotels zijn over het algemeen heel netjes en worden elke ochtend aangeharkt. Voor twee ligstoelen (*sun beds*) met een parasol betaalt u ongeveer € 8. De meeste stranden voeren weliswaar de internationale Blauwe Vlag, maar deze milieu-onderscheiding wordt in veel gevallen toegekend vanwege de organisatorische voorzieningen. Juist aan de stranden van de grote vakantieplaatsen laat de kwaliteit van het water inmiddels te wensen over.

Telefoon en internet

Telefoneren

Bij postkantoren kunt u aan de balie of vanuit een telefooncel bellen. Voor een telefooncel hebt u een telefoonkaart nodig, die verkrijgbaar is bij kiosken. Voor een internationaal gesprek kiest u eerst het landnummer (Nederland +31, België +32), daarna het netnummer zonder de eerste 0 en het abonneenummer. Het landnummer van Turkije is +90. Het netnummer in Turkije geldt voor de hele provincie. Daarom hoeft u van Bodrum naar Marmaris geen netnummer in te toetsen, maar wel naar İzmir.

Mobiele telefoons (Turks *cep*) werken met GSM roaming, maar dan betaalt u tevens de buitenlandse verbinding voor inkomende gesprekken. Als u naar een buitenlands mobieltje wilt bellen, moet u eerst het landnummer kiezen, ook als u iemand bij u in de buurt belt.

Internet

Veel middenklassehotels en pensions bieden een gratis draadloze internettoegang (wifi) aan voor de eigen laptop of smartphone. Luxehotels brengen daarentegen een verbazingwekkend bedrag in rekening. Internetcafés zijn er volop, bijvoorbeeld in grote winkelcentra of in de badplaatsen.

Onderweg langs de Turkse westkust

In de restaurants van Bodrum kunt u nog tot laat in de nacht genieten van de altijd zoele avondlucht aan de Turkse westkust. Of u nu onder de palmbomen zit, aan de haven bij de schommelende en krakende bootjes of op het strand met uw voeten in het water – er zijn weinig plaatsen in de wereld waar u aangenamer kunt uitgaan dan aan de westkust van Turkije.

İzmir en het noordelijke deel van de westkust

İzmir ▶ C 6

De op twee na grootste stad van Turkije – met 2,7 miljoen inwoners – is bij toeristen niet bijzonder in trek: op een vakantie zoekt men geen hectiek, smog of druk stadsverkeer. Maar de stad biedt daarnaast wel een moderne winkelwijk en de vrijzinnigste jongerenwereld in Turkije – en daarmee ook een opwindend uitgaansleven.

In de tijd van het Ottomaanse Rijk was de stad, die toen nog Smyrna heette, de belangrijkste metropool tussen İstanbul en Alexandrië. De bevolking bestond voor ruim de helft uit Grieken en Armeniërs, die echter in 1922-1923 werden verdreven toen de halve stad in de Grieks-Turkse Oorlog in vlammen opging.

Een bijzondere belevenis is een ontdekkingstocht door de **Kemeraltı-bazaar** 1 - 14 (1 blz. 36). En vergeet ook niet een kijkje te nemen bij de **monumenten uit de oudheid** 15 - 18. Deze zijn zeer de moeite waard, want dit was de belangrijkste stad aan de westkust naast Efeze (2 blz. 39).

> **Overigens:** het Kültür Parkı, nu de groene long van de stad, ligt op de plaats van het in 1922 verwoeste oude stadsdeel; ten noorden ervan ligt de uitgaanswijk Alsancak, aan de zeekant de hotelwijk, en verder naar het zuiden ligt Konak, de bazaarwijk. Alleen de grote straten hebben een naam (maar vaak geen naambordje), de kleinere zijn genummerd.

Kordon 19

Het middelpunt van modern İzmir is de Cumhuriyet Meydanı met het gigantische ruiterstandbeeld van Atatürk. Langs de alle kanten uitwaaierende straten staan de grote hotels en talloze kantoorflats. Langs de zeekust loopt een brede promenade, die officieel Atatürk Caddesi heet, maar meestal wordt aangeduid met Kordon (of Birinci Kordon, 1e Kordon). Dit is het mooiste trefpunt van de stad, met één lange rij bars en cafés. Aan het zuideinde ligt de Pasaport Pier, die in de tijd van de zeilscheepvaart het handelscentrum van de haven was, en waar nu een jachthaven is gelegen.

Aan het noordeinde, ter hoogte van de wijk Alsancak, ligt de in 1999 nieuw ingerichte **Gündoğdu Meydanı**, een reusachtig plein aan de zee en nu een van de belangrijkste locaties voor evenementen in İzmir. Op het plein staat een tamelijk krijgszuchtig monument ter herdenking aan de intocht van het Turkse leger in de Griekse stad Smyrna.

Atatürkmuseum 20

Atatürk Cad. 248, di.-zo. 8-17, 's zomers 17.30 uur, gratis

Naast de Griekse en de Duitse ambassades staat het laatste van de oude Levantijnse panden aan de Kordon, de kustpromenade (Atatürk Caddesi). Hier zijn tal van aandenkens aan de grondlegger van de staat Mustafa Kemal Atatürk te zien, die hier enige tijd heeft gewoond. Verder ziet u in het huis veel antiek en de oorspronkelijke inrichting uit de jaren '20 van de 20e eeuw.

İzmir

Sint-Polycarpus 21
1354 Sokak, tegenover de Hiltontoren
Deze kerk uit de 17e eeuw werd gebouwd met toestemming van sultan Süleyman en is gewijd aan een heilige die omstreeks 155 als martelaar stierf. Hij zou door de evangelist Johannes tot bisschop van Smyrna zijn benoemd. Smyrna had een van de zeven (eerste) geloofsgemeenschappen in Klein-Azië. De dood van Sint-Polycarpus in een Romeins stadion op de heuvel Kadifekale staat op fresco's in de kerk afgebeeld.

Kültür Parkı 22
Behalve de hallen voor de jaarbeurs (Turks *fuar,* eind augustus) biedt het grote 'Centraal Park' van İzmir een vijver met bootjesverhuur, een permanente avondkermis (Luna Park), diverse theetuinen en een openluchttheater voor popconcerten. In het voormalige Italiaanse paviljoen toont het **Kunstmuseum** (Resim ve Heykel Müzesi, di.-zo. 8-17.30 uur) Turkse schilderkunst en beeldhouwkunst vanaf de 19e eeuw.

Archeologisch museum 23
Birleşmiş Milletler Cad., di.-zo. 8.30-17, 's zomers 18 uur, toegang TL 8
Dit museum toont vondsten uit de oudheid van opgravingen in de Ionische regio in het midden van de westkust. Prachtig zijn vooral de grote hellenistisch-Romeinse beelden, met onder meer Antinoüs, de favoriet van keizer Hadrianus, voorgesteld als Androclus, de stichter van Efeze. Op de bovenverdieping ziet u aardewerk sinds de bronstijd. Imposant is het grote diermozaïek van de heuvel Kadifekale in het souterrain, dat het best is te zien vanaf een plek bij de trapleuning.

Volkskundig museum 24
Birleşmiş Milletler Cad., tegenover het Archeologisch museum, di.-zo. 8.30-17, 's zomers 17.30 uur, gratis
In een fraaie villa naast het Archeologisch

Moderne en Moorse sierstijl van de Konak in İzmir

İzmir

Bezienswaardigheden

- [1]-[14] Kemeraltı-bazaar, oriëntatiekaart blz. 38
- [15] Kadifekale
- [16] Agora
- [17] History & Art Museum
- [18] Bayraklı
- [19] Kordon
- [20] Atatürkmuseum
- [21] Sint-Polycarpuskerk
- [22] Kültür Parkı
- [23] Archeologisch museum
- [24] Volkskundig museum
- [25] Asansör

Overnachten

- [1] Grand Hotel Efes
- [2] Kilim Hotel
- [3] Antik Han Hotel

Eten en drinken

- [1] La Sera
- [2] Topçu

museum toont men klederdracht, oude tapijten, traditionele handwerktechnieken en voorbeelden van de historische architectuur in het oude Smyrna.

Asansör [25]

Mithatpaşa Cad., Dario Moreno Sok.
De lift van eind 19e eeuw bij een steile helling in de voormalige joodse wijk komt na 70 m tot stilstand bij een café-restaurant met een mooi uitzicht over de stad. In het straatje bij de onderingang wordt binnenkort in het geboortehuis van de zanger Dario Moreno, een authentiek Levantijns huis van hout, een museum geopend.

Overnachten

De wijk van de duurdere stadshotels ligt tussen Cumhuriyet Meydanı en Kültür Parkı; goedkope hotels zijn te vinden aan weerszijden van de Fevzipaşa Caddesi in de richting van station Basmane.

Centrale luxe – Grand Hotel Efes [1]: Gazi Osmanpaşa Bulv. 1, tel. 0232 484 43 00, izmir.swissotel.com, 2 pk vanaf € 96, met ontbijt vanaf € 128. Het oudste, maar altijd nog het mooiste luxehotel van İzmir, heeft een fraai zwembad in een aangename tuin. Het is inmiddels gerenoveerd door de nieuwe eigenaar, de Swiss-groep, en uitgebreid met een 'Amrita Spa & Wellness Centre'. Als u veel geld hebt uit te geven, is het hier goed besteed.

Goed gelegen – Kilim Hotel [2]: Atatürk Bulv. / Kazımpaşa Bulv., tel. 0232 484 53 40, www.kilimotel.com.tr, 2 pk met ontbijt ca. € 70. Dit modern-chique hotel uit de jaren '60 heeft een strategisch

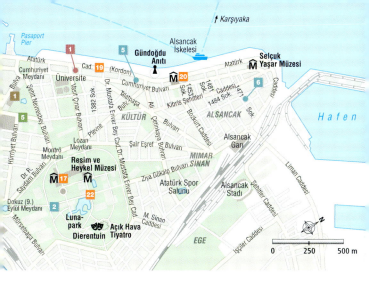

- 3 Kızlarağası Köftecisi
- 4 Yuzde Yuz

Winkelen
- 1 – 4 Zie blz. 36
- 5 Sevgi Yolu

Uitgaan
- 1 Koffiehuis Ömer Usta
- 2 Theetuinen
- 3 Nargile-cafés
- 4 Windows on the Bay Bar
- 5 Karizma
- 6 Clubs Gio, Gece, Blacck

gunstige ligging tussen de Kordon en de bazaar. De kamers zijn goed uitgerust. Om de hoek vindt u op de Kazımpaşa Bulv. enkele goede restaurants.

Als in een dorp – Antik Han Hotel 3: Anafartalar Cad. 600, Cankaya, tel. 0232 489 27 50, www.otelantikhan.com, 2 pk met ontbijt ca. € 55. Dit hotel in een oud paleis, dat in een bijna dorps aandoend straatje nabij de antieke agora staat, is bijzonder sfeervol. De 24 kamers en zes suites met airco, verwarming en tv liggen rond een fraaie binnenplaats, waar het ontbijt wordt opgediend, maar waar u 's avonds ook kunt eten.

Eten en drinken

Modern vormgegeven restaurants met een Turkse en internationale keuken zijn vooral te vinden aan de Kordon en in Alsancak (zie blz. 41). Als u iets goedkopers zoekt, kunt u terecht in eenvoudige restaurantjes aan de Fevzipaşa Bulvarı en de zijstraten (richting bazaar of 1369 Sokak), en bij station Basmane. De specialiteiten van de stad zijn çipura (goudbrasem) en İzmir köfte, gehaktballetjes in komijn-tomatensaus.

Elegant uitgaan – La Sera 1: Kordon / Atatürk Cad. 190A, www.lasera.com.tr, tel. 0232 464 25 95, dag. 7 (met ontbijt) tot 3 uur. Een befaamd restaurant aan de Kordon met een trendy jarenzeventig-design. Het begint als restaurant, gaat tegen 22 uur over op een bar met livemuziek en sluit af als nachtclub. De keuken is zeer internationaal, met steaks, fajitas en pasta. De wijn is aan te bevelen. Voorgerecht vanaf € 4, peppersteak € 10, wijn (Turks) ca. € 20.

1 Ontdekking van de Kemeraltı-bazaar – van bazaar naar Konak

Kaart: ▶ C 6, Oriëntatiekaartje: blz. 38
Vervoer: Wandeling, Duur: iets meer dan een halve dag

Ten zuiden van de Fevzipaşa Bulvarı, op het terrein van de havenwijk uit de oudheid, strekt zich een van de grootste bazaars van Turkije uit. De route loopt hier dwars doorheen en eindigt op het Konakplein aan zee.

Tot de Eerste Wereldoorlog had İzmir, dat toen nog Smyrna heette, de belangrijkste overslaghaven van Turkije. De stad gaf zijn naam aan goederen als het smyrnatapijt, smyrnatabak en smyrnadruiven. Tegenwoordig heeft İzmir na İstanbul nog zeker de op een na grootste haven van Turkije, die overigens ten noorden van de wijk Alsancak ligt.

De historische bazaar in de wijk Kemeraltı met zijn onoverzichtelijke wirwar van straatjes is echter nog altijd net zo druk en levendig als in vroeger tijden. In de talrijke oude handelshofjes *(han)* en arbeidshofjes *(çarşı)* zijn net als vroeger kleine werkplaatsen ondergebracht.

Het financiële district

De route begint in de Gazi Bulvarı bij de **Beurs** **1** in een historiserende Ottomaanse stijl, die in 1891 werd geopend. Overal in de omgeving staan grote bankgebouwen, want aan het eind van de 19e eeuw was deze buurt het belangrijkste financiële centrum van het Ottomaanse Rijk. Via de Fethibey Caddesi komt u bij het grote **Pirinç Center** **1**, een winkelcentrum (Turks *alışveriş merkezi*) dat tegenwoordig met enkele andere de traditie van de bazaar in de sectoren mode en lifestyle voortzet.

Winkelen bij de oppereunuch

Als u linksaf de 861 Sokak in loopt, komt u al snel bij de ingang van het **Kızlarağası Han** **2** ('handelshof van de heer van de meisjes'). Dit werd in 1744 gebouwd door de oppereunuch aan het hof van de sultan en is met 4000 m² een van de grootste handelshoven van de stad. In de overwelfde winkelpassage is

Van bazaar naar Konak

nu een toeristenbazaar met sieraden- en tapijtenwinkels ingericht. In het handelshof hebt u keus uit tal van cafés om even te pauzeren. Dankzij de Moorse boogvensters en de rood-witte steenlagen van de muren is dit samen met de klokkentoren (zie blz. 38) het mooiste historische gebouw van de stad. Schuin ertegenover, in de 897 Sokak, was de in 1806 geopende **Çakaloğlu Hanı** 3 lange tijd een in verval geraakt bouwwerk dat uit de toon viel, maar het wordt binnenkort gerenoveerd.

Achter de Kızlarağası Han verheft zich de koepel van de **Hisar Camii** 4, die werd gebouwd in 1597 en die ooit de grootste moskee van de stad was. Binnen ziet u een imposante kibla-nis die in de stijl van de Turkse rococo is versierd, en een met stenen filigraanwerk getooide preekstoel *(mimber)*.

De ronde straat

Via de İpek Pazari Caddesi, de straat van de zijdehandelaars, komt u bij de **Şadırvanaltı Camii** 5 uit 1636 met een overkoepelde reinigingsfontein op het voorplein. Rondom vindt u enkele theehuisjes om even bij te komen.

Achter de moskee loopt de **Anafartalar Caddesi**, de hoofdstraat van de bazaarwijk. Bij een blik op de plattegrond valt op dat de straat in een boog loopt en in het oosten opeens afbuigt en verdergaat in de richting van de antieke agora. De loop is namelijk gebaseerd op de hellenistische handelsstraat die oorspronkelijk als kustpromenade rond het antieke, pas in de 17e eeuw gedempte havenbassin liep.

Langs voor een deel overdekte zijstraatjes, waar in kleine en grotere winkels alles van hightech tot kunstnijverheid te koop is, voert de straat als voetgangersgebied naar de kust van nu. Er zijn hier weinig souvenirwinkeltjes, maar u kunt er wel terecht voor alles wat een gewone Turkse markt biedt.

Straat van de synagogen

De volgende moskee, de in 1667 gebouwde **Kestanepazarı Camii** 6, zou de gebedsnis van de İsa Bey-moskee uit Selçuk (zie blz. 62) bevatten. Links ertegenover buigt de **Havra Sokak**, de 'synagogenstraat' af. In deze buurt, vanaf 927 Sokak, staan maar liefst negen synagogen van de voorheen zeer omvangrijke joodse gemeenschap van İzmir dicht bij elkaar. Interessant is vooral de gerestaureerde **Sinyora Havrası** 7. Na hun verdrijving uit Spanje in 1492 kwamen veel joden naar Smyrna. Tegenwoordig is de Havra Sokak doorgaans een drukke en levendige straat omdat hier de **groente- en vismarkt** 2 wordt gehouden.

Handelshofjes en koffiehuizen

Via de 926 Sokak komt u bij de **Bezircioğlu Hanı** 8 in de 920 Sokak in een wijk met tal van handelshofjes. Het volgende bouwwerk in de Anafartalar is de in 1672 gebouwde **Başdurak Camii** 9, die wordt omringd door een groot aantal winkeltjes. In de 863 Sokak aan de linkerkant nodigt het **koffiehuis Ömer Usta** 1 uit om even te pauzeren. Aan de achterkant van de moskee loopt de 872 Sokak, waar veel winkeltjes met kruiderijen en lekkernijen zijn gevestigd. De boog van de Anafartalar Caddesi eindigt bij de in 1671 gebouwde **Kemeraltı Camii** 10, de moskee waarnaar deze wijk is vernoemd.

Bij de Konak

De Anafartalar komt ten slotte uit op het reusachtige **Konakplein** aan zee, dat alleen voor voetgangers bestemd is en waar de evenementen op de nationale feestdagen beginnen. Vroeger stond hier een Ottomaanse kazerne, de Sarıkışla. Na de sloop daarvan in 1955 werd het Konakplein een verkeersknooppunt. Het autoverkeer gaat nu via een tunnel, terwijl een busstation en de aanlegsteigers van de stedelijke

İzmir en het noordelijke deel van de westkust

veerdienst nabij het plein liggen. In het midden staat de **Saat Kulesi** 11 (klokkentoren) uit 1901, die als symbool van de stad geldt. Het uurwerk was een geschenk van de Duitse keizer Wilhelm II.

Het kleinste gebouw aan het plein is de **Konak Camii** 12 uit de 18e eeuw, met een gevelversiering van Kütahyategels. In de Grieks-Turkse Oorlog van 1922 werd zwaar gevochten om de **Hükümet Konağı** 13 hierachter. Dit overheidsgebouw uit 1872 is sindsdien een symbool voor de 'bevrijding' van de stad.

Een fraaie afsluiting van deze tour vormt de **Konakpier** 14, die aan het eind van de 19e eeuw als havenmagazijn zou zijn gebouwd door Gustave Eiffel. Tegenwoordig is het een modieus winkelcentrum met een restaurant aan het water.

Eten en drinken

Kahveci Ömer Usta 1 : 863 Sok. 75 en 905 Sok. 15, www.kahveciomerusta.com. Dit traditionele koffiehuis biedt schaduwrijke plekjes bij een wijngaard. De Turkse koffie wordt op oude wijze bereid.

Yuzde Yuz (100%) 4 : Konakpier AVM, tel. 0232 441 55 93, www.yuzdeyuz.info, dag. 10-23 uur. Hier zit u pal aan het water, waar altijd wel een licht briesje voor verkoeling zorgt. Men biedt een ambitieuze Italiaanse keuken (met pizza's), Turkse klassiekers en veelgeroemde steaks.

Winkelen

İlhan Nargile 3 : 906 Sokak, tel. 0232 484 02 79, dag. 9-20 uur. In dit winkeltje in de Kızlarağası Han verkoopt men handgemaakte waterpijpen *(shisha* of *nargile)* en de bijbehorende tabak.

YKM İzmir 4 : Konak Meydanı, www.ykm.com.tr, ma.-za. 10-20, zo. 12-20 uur. Achter de gevel in de sobere stijl van de jaren '70 van de 20e eeuw gaat een warenhuis schuil met een uitgebreid assortiment. U kunt hier van alles vinden, van mode voor het hele gezin tot elektronica, en dat alles voor redelijke prijzen.

2 Het antieke Smyrna – van Kadifekale naar Bayraklı

Kaart: ▶ C 6, Stadsplattegrond: blz. 34
Vervoer: Taxi, Duur: 1 dag

Tussen de heuvel Kadifekale met de antieke Akropolis en de nederzetting Bayraklı uit een periode vóór de klassieke oudheid ontspint zich de geschiedenis van een antieke wereldstad. Deze tocht met gebruik van enkele niet al te dure taxi's begint op de heuvel Kadifekale.

De grote dichter Homerus (omstreeks 750 v.Chr.), aan wie de *Ilias* en de *Odyssee* worden toegeschreven, zou in Smyrna zijn geboren, maar hij woonde in een stad 5 km ten noorden ervan. Toen de Perzen in 546 v.Chr. Klein-Azië veroverden, werd die stad verwoest. Daarna verloor de plaats de band met de zee doordat de monding van de rivier Hermos (Turks: Gediz Nehri) opschoof.

Uitzicht vanaf de Kadifekale

Vervolgens veroverde Alexander de Grote de westkust. In Bodrum moest hij zich flink inspannen (zie blz. 84), maar bij Smyrna kon hij bij de heuvel Pagos gaan jagen; na de picknick met enige wijn deed hij een dutje. Toen verscheen hem de godin Nemesis in een dubbele manifestatie en eiste dat Smyrna een nieuwe vestiging op deze heuvel kreeg.

Zo werd Smyrna onder Alexanders opvolger Antigonos verplaatst naar de helling van de huidige **Kadifekale** 15. Nu hebt u vanaf de muren van de Akropolis uit de 3e eeuw een fantastisch uitzicht over de huizenzee van Izmir. Aan de noordkant van de heuvel lag het antieke theater, aan de oostkant het stadion, en daartussenin lag de agora.

Zuilen op de agora

De **agora** 16, het centrale plein van de hellenistisch-Romeinse stad Smyrna, is de grootste en de best bewaard gebleven agora van de Turkse westkust. Sinds 1996 is de noordelijke toegang blootgelegd, en daarbij zijn beelden en inscripties van de schenkers ontdekt, die geld

İzmir en het noordelijke deel van de westkust

doneerden voor de wederopbouw na een aardbeving in 178 n.Chr. Een groot deel werd betaald door de Romeinse keizer Marcus Aurelius. In het westen staan de zuilen van een grote **stoa** (zuilengang) waarvan de benedenverdieping als markthal diende. Verder werd ook de **westpoort** herbouwd, die werd versierd met een buste van Faustina, de echtgenote van Marcus Aurelius.

In het noorden strekte zich een 160 m lange **basilica** uit van drie verdiepingen. Dit is de grootste hal in zijn soort uit de Romeinse tijd na de Trajanusbasilica in Rome. Het gebouw had twee toegangspoorten op de begane grond, terwijl het aan de kant van het plein op de tweede verdieping open was met een zuilenrij.

Op het plein liggen **Ottomaanse grafstenen** bijeen, die wijzen op het latere gebruik van het terrein als begraafplaats. Vroeger stond in het midden van het plein een met beeldhouwwerken getooide Zeustempel.

Beelden in het museum

Enkele van deze beelden en reliëfs, zoals de Griekse goden Dionysus, Hermes, Heracles en Eros, bevinden zich nu in het **History & Art Museum** 17 in drie voormalige beurspaviljoens in het Kültür Parkı. Hier toont men vooral vondsten uit de oudheid van de stad Smyrna / İzmir: Grieks aardewerk, hellenistisch-Romeinse sculpturen en een omvangrijke collectie historische munten die dateren vanaf de uitvinding van het geld. Bijzonder interessant is de toelichting bij de recentste opgravingen in Bayraklı, waar de geschiedenis van de stad Smyrna begon.

Oud-Smyrna in Bayraklı

Op de heuvel Tepekule in de wijk **Bayraklı** 18, in de richting van Menemen, lag de stad waar de befaamde dichter Homerus werd geboren. De nederzetting, die vroeger op een schiereiland lag, gaat terug tot 3000 v.Chr. en staat in Hettitisch spijkerschrift vermeld als 'Ti-smurna'. Vanaf 800 v.Chr. maakte het deel uit van de Ionische Bond.

De ruïnes zijn overwegend uit de archaïsche periode: huizen in de stijl van een megaron, het Tantalusgraf en ook huizen met een peristilium. Kenmerkend voor die tijd zijn de fraaie muren van veelhoekige stenen. Aan het eind van de hoofdstraat stond de (nu met enkele gereconstrueerde zuilen geaccentueerde) **Athenetempel**. Deze was anders dan de huizen van zwart andesiet opgetrokken uit gelig tufsteen van het schiereiland Foça. Een ommuurde **bronschacht** geldt als het oudste bekende exemplaar van de Griekse wereld.

- -

Informatie

Agora: Gazi Osmanpaşa Bulv., di.-zo. 8.30-17, 's zomers 18 uur, TL 8.
History & Art Museum: Kültür Parkı, di.-zo. 8.30-17.30 uur, TL 8.
Bayraklı: Ekrem Akurgal Cad., di.-zo. 8.30-17, 's zomers 18 uur, TL 8.

Vervoer

Het best steeds per **taxi**, bijvoorbeeld van Kadifekale naar de agora TL 8. Spreek voor de rit naar Bayraklı een vaste prijs met wachttijd af.

Eten en drinken

In de **theetuin** van de Kadifekale-burchttoren kunt u even bijkomen bij een mooi uitzicht over de stad. Bij de agora vindt u een **café** nabij het parkeerterrein. Het best kunt u een pauze inlassen in het **Kültür Parkı** 22, waar rustige, schaduwrijke theetuinen te vinden zijn.

Winkelen

Kadifekale: in de burcht zijn kelims en traditioneel weefwerk te koop.

İzmir

Uitgaan in Alsancak

In Alsancak, de vroegere Griekse wijk, is veel gesloopt en nieuw gebouwd, maar enkele straatjes in de buurt van de Kıbrıs Şehitler Caddesi zijn zeer fraai gerenoveerd. De oude huizen van het 'Levantijnse' Smyrna vormen nu het decor voor een levendige uitgaanswijk: tussen 1453 Sokak en 1482 Sokak staan talloze bars en cafés, waar op z'n laatst vanaf 20 uur half İzmir voorbij lijkt te komen. De **1453 Sokak** is een trefpunt voor het alternatieve uitgaanspubliek met clubs als Kybele (nr. 28) en Opus (nr. 9); op zaterdag is er vaak livemuziek (rock, gothic). De moderne lifestyle-cafés in de **M. Enver Bey Caddesi**, zoals Starbucks, trekken daarentegen vooral een trendy publiek.

Alles van de grill – Topçu 2 : Kazım Direk Cad. 12, www.topcunyeri.com.tr, dag. tot 24 uur. Een van de populairste terrasrestaurants van İzmir, goede kwaliteit, de sfeer niet al te toeristisch en niet al te chic; er komen overwegend buurtbewoners en zakenmensen. Veel grillgerechten, zoals een uitstekende *çöp şiş*: een hele bundel houten spiezen met krokant gegrild lamsvlees (ca. € 3).

Traditionele keuken – Kızlarağası Köftecisi 3 : links achter de Kızlarağası Han, 902 Sokak, Kemeraltı, dag. 7-24 uur. In het handelshof naast de antiekbazaar hebben diverse kebabrestaurants hun tafeltjes opgesteld. Hier kunt u goed en goedkoop eten – bovendien is de authentieke ambiance een bijzondere belevenis. Hoofdgerecht ongeveer € 5.

Winkelen

De ene na de andere trendy **boetiek** vindt u in Alsancak langs de Pilevne Caddesi, de M. Enver Bey Caddesi en de Çetinkaya Bulvarı. Nog een ander centrum voor luxueus winkelen vindt u aan de **Konakpıer** (zie blz. 38), niet ver van de historische bazaar.

Souvenirs – Sevgi Yolu 5 : dit is een fraai ingerichte marktstraat onder de palmbomen tussen het Hilton en het Grand Hotel Efes (1379 Sokak), met overwegend souvenirs, maar u kunt er heerlijk wandelen. Ook treft u er diverse portretschilders aan.

Uitgaan

Waterpijp en semaver – Wie enige rust op prijs stelt, kan uitstekend terecht in de **theetuinen** 2 in het Kültür Parkı (zie blz. 33) of de **nargilecafés** 3 aan de rand van de bazaar (900 Sok. en 899 Sok.). Hier kunt u net als de inwoners van İzmir de vrije avond doorbrengen met een theesamovar *(semaver)* en een waterpijp *(nargile)*.

Met uitzicht – Een prachtig panorama bieden het café-cestaurant bij de **Asansör** (zie blz. 34) en **Windows on the Bay Bar** 4 in het Hilton Hotel (Gaziosmanpaşa Bulv. 7, ma.-za. 19-2 uur).

Uitgaansbuurt – De **Kordon** (zie blz. 32) is de belangrijkste uitgaansbuurt van de stad; hier geniet men eerst bij een van de talloze bierkroegen van de langgerekte zonsondergang, bijvoorbeeld in **Karizma** 5 , nr. 296.

En dan dansen – Tegen 24 uur komt er langzamerhand leven in de **discotheken**. Zeer populair is de buurt rond de 1471 Sokak met clubs als **Gio**, **Gece** of **Blacck** 6 (toegang vaak zo'n TL 25 per persoon, drankjes vanaf TL 10).

Informatie

Toeristenbureau: Pasaport, 1344 Sokak / Cumhuriyet Bulv., tel. 0232 445 73 90, bij de luchthaven tel. 0232 274 22 14.
Internet: www.izmirturizm.gov.tr.
Bus: de intercitybusmaatschappijen

İzmir en het noordelijke deel van de westkust

hebben een kantoor bij het station Basmane; vandaar rijden pendelbussen naar de diverse busstations (voor Çeşme, Milas, Bergama).
Metro: tussen Konak, Çankaya en Basmane rijdt een metro; andere lijnen staan gepland. Een tramlijn van Alsancak naar de luchthaven en richting Aliağa is in aanleg.
Taxi: de taxi's zijn witgekleurd en zeer goedkoop, de rit van Kültür Parkı naar het Archeologisch museum kost ca. TL 10. Bij een rit naar de luchthaven of met bagage betaalt u een toeslag.
Centraal Station: Basmane İstasyonu nabij Dokuz Eylül Meydanı; 2 x per week rijdt een trein via Manisa naar Ankara.
Luchthaven: vanaf Adnan Menderes Havaalanı, ongeveer 20 km zuidelijker bij de voorstad Gaziemir, vertrekken meermalen per dag binnenlandse vluchten naar İstanbul en Ankara. Verder zijn er tal van internationale verbindingen. Zo vliegt SunExpress ook op Antalya en Adana. Een taxirit van of naar het centrum (Cumhuriyet Meydanı) kost ongeveer € 20. Een busverbinding met het centrum is alleen mogelijk in combinatie met een Turkisch Airlines-vlucht (van of naar het Büyük Efes Hotel).

Çeşme ▶ B 6

Dit stadje met 24.000 inwoners op de meest westelijke punt van Klein-Azië en pal tegenover het Griekse eiland Chios gelegen, begint inmiddels bekend te worden bij een jong en mondain publiek uit İzmir en steekt het overvolle Bodrum naar de kroon. De meeste hotels liggen aan de kust van Şifne en Ilıca, die bekendstaan om hun stranden met fijn zand. Daardoor is Çeşme zelf een overzichtelijk plaatsje gebleven aan de

Beroemd zijn de stranden met turkooisblauw water in de omgeving van Çeşme, hier bij Dalyan

Muziek in Çeşme

Half juli kent Çeşme een grote drukte, want dan begint het **Müzik Festivalı**, met concerten die worden gehouden in het Amfi Tiyatro, een modern openluchtpodium ten zuiden van de İnkilap Caddesi. Er wordt westerse muziek gespeeld, maar daarnaast zijn er ook enkele optredens van Turkse popsterren als Hande Yener of Musti Sandal. Let op de affiches!
Half augustus organiseert men het **Surf'n'Sound Festival** in Alaçatı, met een surfwedstrijd, concerten en dj-party's in het Babylon Alaçatı, een dochter van de beroemde Babylon Club in Istanbul.

voet van een kasteel, dat de Genuezen in de 15e eeuw hebben gebouwd.

Kasteel en museum

Aan de haven, di.-zo. 8.30-12, 13-17.30 uur, TL 3

Het in de Ottomaanse tijd herhaaldelijk gerestaureerde kasteel is een van de mooiste burchten van Turkije. Hier resideerden vroeger de admiraals van de in Çeşme gestationeerde vloot. Vóór het kasteel staat een monument voor de beroemdste admiraal, samen met zijn huisdier, een leeuw. In een klein museum toont men onder meer vondsten uit Frythrai (zie blz. 45). Naast het kasteel staat de in 1529 gebouwde karavanserai **Kanuni Sultan Han**, met een mooie, rustige binnenplaats waar u in een café uitstekend kunt bijkomen.

Ayios Haralambos

Vóór de grote verdrijving in 1923 woonden er veel Grieken in Çeşme. Aan die tijd herinneren niet alleen veel classicistische huisgevels, maar ook de orthodoxe kerk Ayios Haralambos in de İnkilap Caddesi, die nu wordt gebruikt voor exposities en concerten.

Overnachten

De grote hotelzones liggen allemaal relatief ver van het centrum. Eenvoudige pensions vindt u in de Hamam Sokak ten zuiden de İnkilap Caddesi.
Wellnesshotel – **Piril Thermal & Spa:** A. Menderes Cad., 2069 Sok., tel. 0232 444 02 32, www.pirilhotel.com, 2 pk met ontbijt € 50-105. Dit trendy wellnesshotel ligt ten zuiden van de rondweg dicht in de buurt van de stad.
Als bij een pasja – **Kanuni Kervansaray:** Kale Yanı 5, aan de haven, tel. 0232 712 71 77, fax 0232 712 29 06, 2 pk met ontbijt € 50-100. Dit romantische hotel in de karavanserai uit de 16e eeuw is onlangs bijzonder mooi in Ottomaanse stijl ingericht. Uitermate fraai is de binnenplaats met restaurant; de kamers zijn eenvoudig ingericht, maar voorzien van modern comfort. In de bar op het dak hebt u 's avonds een prachtig uitzicht.
Voor kattenvrienden – **Maro:** Hürriyet Cad. 68, nabij het stadsstrand, tel. 0232 712 62 52, fax 0232 712 72 67, 2 pk met ontbijt € 30-50. Dit keurig verzorgde pension in de hotelwijk aan het stadsstrand beschikt over diverse driebeddenkamers, en twee kinderbedjes. Maro betekent roze, en de hele inrichting is dan ook roze. De eigenares is bovendien een fervent liefhebster van katten.

Eten en drinken

Mediterrane sfeer – **Wine Plaza:** İnkilap Cad. 27, tel. 0232 712 09 58. In de buurt van de oude kerk staat dit historische pand in Griekse stijl. Het is mooi gerenoveerd, met een terras op de bovenverdieping. Internationale keuken en Turkse wijnen; geregeld livemuziek. Voorgerecht vanaf € 3, hoofdgerecht vanaf € 8.

İzmir en het noordelijke deel van de westkust

Met zeezicht – Sahil Restoran: Cumhuriyet Meyd. 12, tel. 712 82 94. Dit reeds lang gevestigde restaurant biedt een mooi zeezicht aan de haven. U hebt er volop keus, ook in visgerechten; vriendelijke bediening. Voorgerecht vanaf € 3, hoofdgerecht vanaf € 8, vis vanaf € 11.

Traditionele keuken – İmren Lokantası: İnkılap Cad. 6, nabij de haven, tel. 0232 712 76 20. Hier hebt u een grote keus uit *mezeler* (voorgerechtjes), en verder grill- en stoofgerechten. U vindt er ook een prachtig dakterras. Voorgerecht plus hoofdgerecht € 7-12.

Romantisch – Paparazzi: Ayayorgi Bay, ten zuiden van Dalyanköy, tel. 0232 712 67 67. Deze badgelegenheid ligt aan een baai met een rotskust. 's Avonds kunt u heerlijk aan het water zitten.

Uitgaan

In het centrum – Club Street Bar: İnkılap Cad. 66, tel. 0232 712 05 29. Deze muziekbar in de hoofdstraat in het centrum biedt een ruime keus aan cocktails en een dansvloer.

Strandbars – In de populaire buurt tussen Boyalık en Ilıca openen in het hoogseizoen trendy bars hun deuren voor de villabewoners uit İzmir. In de **Biraver Bar** kunt u in de openlucht dansen op een grasveld, in de **Caliente Beach Club** beginnen om 23 uur nachtelijke party's. Strandclubs die tot in de nacht openblijven zijn er ook in Alaçatı, met als bekendste de **Seaside Beach Club** aan de Piyadebaai en de **Babylon Alaçatı** aan het strand Çark Plaj.

Bars aan zee – Ayayorgi Bay: in de beschutte baai ten zuiden van Dalyanköy in de richting van Boyalık bevinden zich tal van strandbars en restaurants, die 's avonds veranderen in openluchtdisco's. Deze zijn vooral in trek bij een jong uitgaanspubliek.

Sport en activiteiten

Stranden – Het **stadsstrand** ten noorden van het Stadhuisplein is tamelijk klein, maar heeft wel mooi zand; in augustus opent hier een strandclub met bar en dansvloer.

De betere stranden zijn buiten de stad te vinden: **Boyalık** (met het grote hotel Altinyunus) en **Ilıca** (met het grote hotel Ilıca) staan bekend om hun warmwaterbronnen, deels aan de kust, deels in zee. Tot aan **Şifne** is de kust bebouwd met vakantievilla's.

Alaçatı aan de zuidkust van het schiereiland is bekend geworden als surflocatie (zie hieronder). **Altınkum** heeft nog steeds het mooiste strand en geen hotels, maar er zijn nu wel volop strandclubs met bars, muziek en watersportfaciliteiten.

Excursieboten – Vanaf de kade bij het grote Stadhuisplein varen boten naar afgelegen **stranden** als 'Blue Lagoon', 'Black Islands' en 'Donkey Islands'.

Duiken – Voor verhuur van uitrusting en

Surflocatie Alaçatı

De baai bij Alaçatı aan de zuidkust van het Çeşme-schiereiland is een toplocatie voor surfers geworden (www.alacati.info). 's Zomers waait de Meltemi-wind meestal langs de kust met 4-7 beaufort, in het najaar waait er vaak een aanlandige zuidenwind – dat zijn dus bijna altijd goede omstandigheden voor beginners! Er zijn talloze verhuurstations voor boards en de hele baai is vast in handen van de surfgemeenschap – alles gaat gemakkelijk hier. Het beste hotel aan de baai is **Süzer Sundreams** (www.surfreisen.com), maar er is ook eenvoudigere accommodatie te vinden aan de weg vanaf het dorp Alaçatı.

Historische moskee op de burchtheuvel van Foça

cursussen (beginners en gevorderden) kunt u onder meer terecht bij **Aquarius Dive Center**, Yalı Cad. 11A., tel. 0232 712 10 50, www.aquariusdivecenter.itgo.com.

Informatie

Toeristenbureau: İskele Meydanı 8, aan de haven, tel./fax 0232 712 66 53.
Internet: www.cesme.gen.tr
Bus: intercitybusstation aan de rondweg bij de oprit naar de snelweg; stap bij voorkeur uit aan de stadsrand bij de İnikilap Caddesi (Hükümet Konağı). Vanaf haven rijden minibussen naar de stranden en hotelwijken.
Veerboot: in het hoogseizoen zijn er bijna elke dag excursies naar Chios met Ertürk (www.erturk.com.tr, ca. € 40). Het hele jaar door vaart er eens per week een veerboot naar de Italiaanse havensteden Ancona (Marmara Lines) en Brindisi (Mesline Seaways).

In de buurt

Erythrai (▶ B 6): 21 km ten noorden van de antieke stad bij het prachtige, nog volkomen traditionele dorpje Ildır zijn nog delen van de stadsmuur met rode en witte stenen, een theater en resten van een grote villa bewaard gebleven.
Sığaçık en Teos: ③ blz. 46

Foça ▶ B 5

Dit mooie, nog vrij rustige vakantiestadje (25.000 inwoners) ligt op de plaats van het antieke Phokeia, dat hier ooit als kolonie van Marseille werd aangelegd. Misschien komen daarom nu veel Fransen hier voor hun vakantie. Het middelpunt is de 'Kleine haven' (Küçük Deniz) ten noorden van het schiereiland, waar nu nog de resten van een Genuees kasteel staan. Langs de waterkant liggen pleziervaartuigen en vissersbootjes,

③ Vissersdorp en Genuese vesting – Sığacık en Teos

Kaart: ▶ B 6
Vervoer: Auto, Duur: 1 dag

Naar het schilderachtige Sığacık gaat u niet alleen om de Genuese muur rond dit kleine vissersdorp te zien, maar zeker ook vanwege de beroemde visrestaurants aan de haven. Vroeger was dit de noordelijke haven van de antieke stad Teos, waarvan het centrum ongeveer 20 min. lopen verder zuidwaarts ligt.

De antieke stad Teos was geen *polis* die een belangrijke politieke rol speelde. De bekendste burger van Teos was de dichter Anacreon (gestorven in 495 v.Chr.), die op meeslepende wijze de wijn en de liefde bezong. De belangrijkste god van de stad was Dionysus, de beschermer van de wijn en de orgiastische extase.

Teos strekte zich uit tussen twee stukken kust: op de plaats van de noordelijke haven ligt nu het mooie dorp Sığacık, waar het **oude stadsdeel** 1 een van de meest pittoreske plekjes van Turkije vormt. In de 14e eeuw bouwden de Genuezen pal aan de kust van de baai een grote factorij (handelsmagazijn) met een vierkante ommuring. Daarvoor gebruikten ze op grote schaal de quaderzandstenen van gebouwen uit de oudheid. Binnen de ommuring heeft zich het huidige vissersdorp genesteld, waarvan de restaurants langs de haven tot aan İzmir een goede naam hebben.

Voordat u echter een tafeltje in de schaduw aan de havenkade zoekt, is het de moeite waard een wandeling door de straatjes te maken langs de vissershuisjes met platte daken en grote groepen rondhangende katten. Hier zijn ook tal van kleine hotels en pensions te vinden.

Aan de andere kant van de haven is in 2010 de nieuwe grote **Teos Marina** 2 geopend (www.teosmarina.net), die een geweldige stimulans voor de lokale economie moet betekenen en voor veel nieuwe werkgelegenheid moet zorgen. De eerste voorbodes daarvan zijn de talrijke vakantievilla's rond Sığacık

③ Sığacık en Teos

en grote appartementencomplexen als Güneşsoy Sitesi aan de zuidkant van het schiereiland.

Wandeling naar Dionysus

Het centrum van **Teos** ligt op ongeveer 20 min. lopen ten zuiden van de haven (via de 145 Sokak). De hoofdstraat loopt daarentegen in een grote boog langs de kust naar het parkeerterrein bij de tempel. Deze **Dionysustempel** 3, waarvan nog enkele zuilen deels bewaard zijn gebleven, is het belangrijkste monument.

De tempel werd gebouwd in de 2e eeuw v.Chr. en was de zetel van de bond van *technitai* van Dionysus. Deze rondtrekkende beroepsacteurs stonden in hoog aanzien bij de bevolking – totdat er kritiek losbarstte op hun al te vrijzinnige levenswandel en ze uit Teos werden verdreven. Maar hun tempel bleef de grootste Dionysustempel in heel Klein-Azië. In 2011 moeten uitvoeriger opgravingen (www.teosarkeoloji.com) meer licht hierop werpen.

Meer landinwaarts in de afgelegen velden is tussen de olijfbomen het **theater** 4 te ontdekken. Dit lag ooit tegen een kleine heuvel met een akropolis, maar de stenen van de zitrijen zijn weggehaald en vermoedelijk gebruikt voor de Genuese muur. Bij het **Bouleuterion** 5 (raadhuis) iets zuidelijker zijn de zitrijen wel bewaard gebleven. Bij de eerste opgravingen zijn ook al delen van de stadsmuur en een antieke straat blootgelegd. Helemaal in het zuiden komt u vervolgens bij de zuidelijke haven, waar verder ook de resten van een **antieke kade** 6 te zien zijn.

Informatie

Sığacık ligt ca. 80 km ten zuidoosten van Çeşme. Zowel vanuit İzmir als vanuit Çeşme neemt u de **snelweg** (tegen een geringe tol) tot de afrit Seferihisar, vandaar nog 25 km, 30 min.

Overnachten

Çakırağa Hotel 1: Akkum Cad., tegenover de vissershaven, tel. 0232 745 75 75, fax 0232 745 70 23, otelcakiraga@superonline.com, 2 pk met halfpension ca. € 120. Dit keurige middenklassecomplex in Ottomaanse stijl bestaat uit diverse vrijstaande huizen rond een lommerrijke tuin met zwembad en kinderspeelplaats. Het heeft rustieke, lichte kamers, en ook twaalf suites voor gezinnen (appartementen).

Eten en drinken

Liman Restaurant 1: Sığacık Liman, tel. 0232 745 70 11. Dit is een van de grote restaurants aan de haven. Voor een plaatsje op het terras aan de kade moet u reserveren. Als alternatief kunt u naar een van de andere restaurants gaan, zoals Burç of Deniz. De specialiteiten zijn gegrilde calamares, in melk gestoofde vis *(sütte balık)*, vis met een zoutkorst *(tuzda balık)* en octopusgüver *(güveçte ahtapot)*.

İzmir en het noordelijke deel van de westkust

daarachter verheft zich het Grieks aandoende oude stadsdeel. In de zuidelijker gelegen 'Grote haven' (Büyük Deniz) liggen de trawlers voor de grote visvangst, maar hier ontbreekt het historische karakter.

Een beeld van het wapendier van Foça, de monniksrob (Turks *fok*), staat opgesteld bij het busstation. Langs de kust zouden nog kleine groepen van deze bijna uitgestorven diersoort leven. Hun voortbestaan wordt sowieso in gevaar gebracht doordat de visserij ze berooft van hun voedsel.

Burchtheuvel

Op de nu vrijwel onbebouwde antieke akropolis stond in de middeleeuwen een vesting van de Genuezen; daarna lag hier een nederzetting van de Seldjoeken. Uit die tijd zijn nog twee **moskeeën** uit de 15e eeuw behouden gebleven. De **Beşkapılar** aan de zuidkust vormen een gerestaureerd deel van de vestingmuren.

Vondsten uit de oudheid

Van het antieke Phokeia is aan de kust van het schiereiland bij Küçükdeniz een **heiligdom voor Cybele** (5e-6e eeuw v.Chr.) bewaard gebleven met kleine offernissen. Niet zo lang geleden zijn de resten van een **theater** en een deel van de archaïsche **stadsmuur** blootgelegd, die volgens Herodotus 5 km lang was. Zo'n 7 km voor het plaatsje staat bij de toegangsweg een **grafmonument** uit de tijd van de Perzen.

Overnachten

Mooi aan het strand gelegen – **Hanedan Resort:** 4. Mersinaki Koyu, tel. 0232 812 36 50, www.hanedanresort.net, 2 pk € 60-85, appartement € 120. Dit mooie grote vakantiecomplex ligt zo'n 4 km verder naar het noorden aan de kust. De kamers en studio's zijn ingericht in mediterrane stijl, verder is er een groot zwembad met hangmatten in de tuin, en een hamam; het ligt op 5 min. lopen van het strand.

Historische charme – **Foçantique:** Küçük Deniz Sahil Cad. 154, kade richting Yeni Foça, tel. 0232 812 43 13, www.focantiquehotel.com, 2 pk met ontbijt € 55-105. Een nieuw boetiekhotel in eigentijdse stijl met muren van natuursteen en historische verwijzingen (en meubels). Een verblijf is alleen per week mogelijk. Er is een kleine tuin, en pal voor het hotel is zwemgelegenheid.

Middenklasse met zwembad – **Grand Amphora:** 206 Sok. 7, tel. 0232 812 39 30, www.hotelgrandamphora.com, 2 pk met ontbijt € 35-40. Acceptabele lage middenklasse, zeer dicht bij het centrum, in de tweede linie vanaf de kade vanaf Küçük Deniz (ten noorden van de baai). Het hotel is deels ondergebracht een historisch Grieks pand, en deels in een moderne aanbouw. In de tuin is een klein zwembad aangelegd.

Eten en drinken

Vis voor lekkerbekken – **Celep:** Küçük Deniz, Sahil Cad. 48, tel. 0232 812 14 95. Dit gerenommeerde visrestaurant met een echt Turkse bediening is zeer in trek bij de inwoners van İzmir. U zit er aan lange tafels direct aan de kade met de deinende vissersbootjes. Hongerige katten sluipen rond de tafels en zijn dankbaar voor elk visrestje. *Mezeler* met groente € 2,50, *mezeler* met vis € 6, vis van de houtskoolgrill vanaf € 10; fles wijn vanaf € 16.

Traditionele keuken – **Sofra:** Küçük Deniz, Sahil Cad. 28. Een Turkse tradionele keuken met een grote keus aan grillgerechten en de klassieke voorgerechtjes, in een vrij eenvoudige ambiance. Hoofdgerecht vanaf € 5.

… in Yenifoça

Verfijnd eten – **Troia:** Yenifoça, Sahil Yolu, tel. 0232 814 81 91, www.troia

Foça

Met de boot van Foça naar de Siren Rocks

restaurant.com. Dit verzorgde restaurant is nabij de vishal te vinden in een historisch Grieks pand. De specialiteiten zijn Turkse klassiekers en verse vis. Hoofdgerecht vanaf € 9.

Winkelen

Het **voetgangersgebied** tussen Küçük Deniz en Büyük Deniz is de belangrijkste plek voor souvenirs. Een karakteristieke Turkse sfeer vindt u bij de grote **weekmarkt** op dinsdag op een terrein dat net voor de zuidbaai ligt.

Zeg het met olijven – **Phokaia Zeytinhome:** 210 Sokak 12, www.zeytinhome.com. Wanneer u van het centrale plein (Belediye Meydanı) in oostelijke richting gaat, komt u bij dit winkeltje, waar men zich heeft gespecialiseerd in olijfboomproducten: olijfolie, olijfzeep, houten gebruiksvoorwerpen van olijfhout, enzovoort.

Uitgaan

Het uitgaansleven van Foça is niet bijzonder opwindend, maar omdat steeds meer Engelsen hier een vakantievilla huren, is er inmiddels wel een reeks bars waar men zich aardig kan vermaken.

Romantisch – **Amphi Bar:** aan de zuidhaven voor de Beşkapılar. Dit fraaie café annex bar biedt diverse terrassen met Turkse muziek en uitzicht over zee.

Ottomaans – **Kokolonez:** Küçük Deniz, in het straatje achter İç Bankası. Dit kleine café annex bar in Ottomaanse stijl biedt Turkse muziek en Miller-bier. U kunt er heerlijk onder de wijnranken zitten in een klein straatje, waar ook gelegenheid is om *tavli* te spelen.

Voor nachtbrakers – **Kapı Dans Bar:** deze bar aan de promenade van de noordhaven naar het kasteel beschikt over een kleine dansvloer. Men speelt Turkse pop, techno en hits.

İzmir en het noordelijke deel van de westkust

Sport en activiteiten

Stranden – Het strandgebied begint aan de noordkant van Küçük Deniz en strekt zich uit tot ver in de richting van Yenifoça. De mooiste baaien zijn overigens in beslag genomen door hotels. Stille stranden kunt u met een boot bereiken; zo vaart men naar **İncir Adası** of naar de **Siren Rocks**, die tegenwoordig een beschermd gebied voor monniksrobben zijn.

Informatie

Toeristenbureau: Atatürk Bulvarı, bij het busstation, tel./fax 0232 812 12 22.
Bus: intercitybussen stoppen alleen bij de afslag van de westelijke kustweg (vandaar rijden minibussen). Er rijden minibussen van Foça naar Menemen en İzmir, en ook in de richting van de hotelzone en Yenifoça.

In de buurt

Yenifoça (▶ C 5): deze plaats 23 km noordelijker was vroeger een factorij van de Genuezen en heeft in het oude stadsdeel nog enkele Genuese 'torenhuizen', gebouwen van natuursteen van tweeënhalve verdieping met rondboogvensters. Aan de kleine haven liggen idyllische restaurants, waar 's avonds de toeristen elkaar treffen die rond Yenifoça in vakantievilla's verblijven.
Menemen (▶ C 5): dit stadje aan de kustweg staat bekend om zijn pottenbakkerijen, die hun producten langs de snelweg uitstallen. In het stadje vindt u tal van authentieke restaurants met een echt traditionele keuken. Een uitstapje hierheen is vooral interessant op donderdag, als er een weekmarkt is.

Bergama / Pergamon ▶ C 4,
Stadsplattegrond blz. 54

Bergama kent zijn weerga niet aan de Turkse kust: ondanks de bezoekersstroom naar de ruïnes van het oude Pergamon heeft de stad (65.000 inwoners) zijn tradities behouden. Naast de bezichtiging van de ruïnes moet u beslist ook een tochtje door de bazaar maken, waar nog ketelmakers, schoenlappers en tingieters te vinden zijn. Elke maandag is er een grote weekmarkt als extra attractie voor een dagtocht.

De Akropolis met de ruïnes van de paleisstad van de koningen van Pergamon vormt een van de belangrijkste opgravingen van de westkust. Bij een wat langere wandeling kunt u vanaf de burchtheuvel dwars door de stad naar het antieke Asklepieion lopen (④ blz. 51).

Archeologisch museum [1]

dag. 8.30-17.30 uur, toegang TL 5
Hier ziet u talloze vondsten van de opgravingen van Pergamon. Opvallend zijn de beelden van Hadrianus en Socrates, de bronzen beeldjes van Heracles en Marsyas, en de Kouros van Pitane (Çandarlı) uit de archaïsche tijd, naast allerlei kleine objecten en glaswerk. Voor een aangename pauze is de met oudheden 'gemeubileerde' cafetaria van het museum heel geschikt.

Overnachten

Romantisch – **Athena Pansiyon** [1]: Cami Kebir Cad., İmam Sok. tel. 0232 633 34 20, www.athenapension.com, 2 pk met ontbijt vanaf € 25. Het voormalige Griekse pand in het oude stadsdeel is gerenoveerd, maar niet in de luxecategorie. De eenvoudige kamers van de vriendelijke eigenaars met een traditionele ambiance rond een binnenplaats zijn in trek bij rugzaktoeristen.
Moderne luxe – **Berksoy Motel** [2]: Atatürk Bulv. (İzmir Yolu), tel. 0232 633 25 95, www.berksoyhotel.com, 2 pk met ontbijt € 50-70. Dit grote moderne motel ligt ca. 2,5 km van het centrum, met een zwembad en aangename kamers. Er zijn ook suites voor gezinnen. Rustige ligging te midden van het groen.

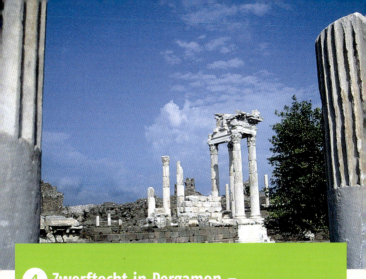

4 Zwerftocht in Pergamon – van de burcht naar het Asklepieion

Kaart: ▶ C 4, Stadsplattegrond: blz. 54
Vervoer: Wandeling, Duur: ongeveer 4-5 uur

Als u voor Pergamon wat meer tijd uittrekt, kunt u vanaf de burchtheuvel door een stil, weinig bezocht ruïnelandschap in de vlakte zwerven en een wandeling door de stad maken naar het Asklepieion, een kuuroord uit de oudheid.

Op de 330 m hoge burchtheuvel, die vandaag de dag nog steeds een van de mooiste antieke complexen ter wereld herbergt, lag de residentie van de koningen van Pergamon. Tijdens hun bewind groeide de stad uit tot een centrum van kunst in de hellenistische wereld. Het rijk Pergamon omvatte in de hoogtijdagen het hele westelijke deel van Klein-Azië, in het zuiden tot Antalya en in het oosten tot Ankara. Het beroemdste werk uit die tijd, het grote Zeusaltaar, staat nu echter in het Pergamonmuseum in Berlijn. De route begint op de top van burchtheuvel, die u met een minibus kunt bereiken.

Residentie van de koningen

In Pergamon had iemand 2300 jaar geleden een flinke portie geluk: Lysimachos, een generaal van Alexander de Grote, rukte uit voor een veldslag en liet in het kleine kasteel zijn lijfknecht Philetairos met de krijgskas achter. Toen Lysimachos de slag verloor en het leven liet, was Philetairos opeens steenrijk en kon hij zich vrijkopen met een vermogen van omgerekend zo'n 70 miljoen euro. Met name zijn derde opvolger, Eumenes II, wiens vader Attalus I het rijk enorm had uitgebreid dankzij een overwinning op de Galaten (Kelten), liet zich als een mecenas van de kunst gelden.

Meteen achter de kasteelpoort ligt links het heilige terrein van de **Athenetempel** [2], waarvan helaas geen enkele zuil meer rechtop staat – alleen een olijfboom, de heilige boom van Athene, herinnert nog aan haar. Nog steeds knoopt men hier kleine doekjes aan de takken als een stille bede tot Athene.

İzmir en het noordelijke deel van de westkust

Rechts hiertegenover stond de befaamde **bibliotheek** 3 waar ooit het perkament (afgeleid van de naam Pergamon) en daarmee het boek als vervanger van de papyrusrol werd uitgevonden. De onvoorstelbare schat van 200.000 werken uit de Griekse filosofie die men in Pergamon bewaarde, werd later door de Romeinse bestuurder Marcus Antonius aan Cleopatra geschonken. Aan het eind van de 4e eeuw ging deze boekenschat verloren bij een boekenverbranding door christenen.

In de noordhoek van de burcht staat het **Trajaneum** 4, een door archeologen gerestaureerde tempel van wit marmer voor de Romeinse keizer Trajanus. Het bouwwerk besloeg een enorm oppervlak en was gecreëerd met behulp een grote steunmuur aan de zuidkant. Hier werden de keizers Trajanus en Hadrianus geëerd in de vorm van monumentale, zo'n 5 m hoge standbeelden.

Van de paleizen van de koningen resteren daarentegen alleen maar fundamenten – en een **cisterne** 5 met een middenkolom. Elk jaar proberen duizenden bezoekers een muntje op deze kolom te werpen dat daar liggen blijft. Dat zou geluk of succes brengen – het is in elk geval niet gemakkelijk!

Aan de westkant strekt zich een **theater** 6 over de helling uit met toeschouwersrijen die als de steilste van de antieke wereld gelden. Wie hier op de bovenste rij staat en omlaag naar het *orchestra* (podium) kijkt, kan door duizeligheid worden bevangen. Maar ook al valt het misschien wat zwaar, de route gaat verder naar de laagste rijen.

Daar ziet u op het terras aan de rechterkant een **Dionysustempel** 7. Links komt u bij het plein van de beroemde **Zeustempel** 8 van Pergamon. De kunstlievende Eumenes II gaf opdracht tot de bouw ervan aan de beste kunstenaars van zijn tijd. In de oudheid gold de tempel als een van de zeven wereldwonderen. De Turkse overheid eist nu de tempel terug van het Berlijnse museum, maar in Berlijn wijst men erop dat het wereldwonder in zijn geheel in de kalkoven zou zijn verbrand als men het rond 1880 niet had weggehaald.

Omlaag naar de stad

Het voetpad loopt over de geplaveide hoofdstraat uit de oudheid, die begint bij de **bovenagora** 9, en dan langs tempels, badhuizen en andere antieke bouwwerken voert. Op het terrein van de 'stadsopgravingen' zijn een klein **odeion** met zitbanken en een **heroon** ter ere van een verdienstelijke burger te zien (beide hebben een overkapping als bescherming voor de intact gebleven muurschilderingen).

Dan volgt de **Heratempel** 10, met ernaast een beschuttend gebouw boven drie grote **vloermozaïeken**: hier stond vermoedelijk het Prytaneion (zetel van het stadsbestuur). Verder omlaag staat de **Demetertempel** met ernaast het **Gymnasion** 11 voor training in diverse sporten, dat met zijn drie terrassen een van de grootste uit de oudheid is. Ten slotte komt u bij een imposante **poort** (met een hellenistische onderbouw en een Byzantijns trappenhuis). Boven de stenen hangt een zinderende hitte. Uiteindelijk mondt de antieke straat uit in de Turkse bebouwing totdat u weer bij de hoofdstraat bent aanbeland.

Egyptische goden

Meteen aan de overkant van de hoofdstraat staat de **Kızıl Avlu** 12 (Rode Hal), een indrukwekkend gebouw met muren van 20 m hoog en aan weerszijden een ronde toren. Het betreft hier het Serapion, dat in de tijd van keizer Hadrianus werd gebouwd met gebruikmaking van de toentertijd moderne techniek van gemetselde bakstenen, die met marmerplaten werden bekleed. Toen in de 2e eeuw n.Chr. de Egyptische cultus

④ Van de burcht naar het Asklepieion

aan populariteit won, vereerde men hier de goden Serapis, Isis en Harpocrates. Later maakte men van het gebouw een kerk. Tegenwoordig dient een van de ronde torens als moskee, de andere is in 2006 door archeologen gerestaureerd en biedt nu onderdak aan een museum.

> **Overigens:** vanaf de Ulu Cami kunt u ook rechtstreeks door het oude stadsdeel naar het Asklepieion lopen. Dan neemt u de Kozak Caddesi zuidwaarts en daarna de Senlendirici Caddesi in westelijke richting.

Door het oude stadsdeel

Via de Kınık Caddesi en daarna de Cami Kebir Caddesi volgt u nu de rivierbedding van de Selinus. Zo komt u langs de in 1439 gebouwde moskee **Ulu Cami** 13, die aan de andere oever staat.

Zo'n 250 m verderop neemt u vervolgens links de Uzunyol Caddesi en dan na 30 m meteen rechts de Müsella Bayırı Yolu. Na nog eens 200 m leidt een landelijk straatje naar de ruïnes van het Romeinse **amfitheater** 14, dat een gesloten cirkel vormde en waar gladiatorenspelen werden gehouden. Met deze typisch Romeinse ronde vorm is dit amfitheater uniek voor Klein-Azië. Maar er zijn hier nog geen opgravingen uitgevoerd; op de vroegere toeschouwersrijen grazen gewoon schapen. Aangezien de paar bezoekers die hier komen meestal worden verwelkomd door drommen enthousiaste kinderen, is het wel aardig om wat lekkers uit te delen.

Nog 500 m verder over de Müsella Bayırı Yolu ziet u links de kom van het **stedelijk theater** 15 liggen, dat ook een Romeins bouwwerk was. De stenen van de toeschouwersrijen zijn pas aan het begin van de 20e eeuw 'verdwenen' en zijn vast en zeker gebruikt voor stenen gebouwen in Bergama.

De kuuroorden

Ten slotte gaat u via de Tiyelti Caddesi naar het **Asklepieion** 16. Het heiligdom van de god van de geneeskunde Asclepius was in de keizertijd het grootste kuurcentrum van Klein-Azië. Het stond met de burchtheuvel in verbinding via de **Heilige Weg** 17, die werd omzoomd door zuilengangen. Achter de ingang is een deel ervan blootgelegd.

Het kuuroord omvatte een theater en een door zuilen omringde binnenhof met de tempel voor Asclepius. Van het midden van de middenhof loopt een onderaardse gang naar het vroegere kuurcentrum van twee verdiepingen. Het centrum kende een grote toeloop, niet alleen omdat in de keizertijd de vermaarde arts Galenus hier werkte, maar ook omdat het heiligdom een asiel had dat vervolgden een veilig toevluchtsoord bood.

• •

Informatie

Akropolis: dag. 8.30-18.30 uur, laatste toelating 17 uur, toegang TL 20.
Kızıl Avlu: dag. 8.30-17.30 uur, toegang TL 5.
Asklepieion: dag. 8.30-17.30 uur, laatste toelating 17 uur, toegang TL 15.

Bereikbaarheid

Vanuit de stad rijdt u met een *dolmuş* (minibus) naar de Akropolis, die begint bij de Rode Hal. Vanaf het Asklepieion rijden ook minibussen en taxi's terug naar het centrum van de stad.

Eten en drinken

Bij een terugrit vanaf het Asklepieion kunt u in het **Asklepion Restaurant** 1 al even bijkomen (Atatürk Bulv. 54, tel. 0232 633 42 22). Het restaurant met een schaduwrijk terras biedt volop keus, in het hoogseizoen vaak met een buffet.

Bergama

Bezienswaardigheden
1. Archeologisch museum
2. Athenetempel
3. Bibliotheek
4. Trajaneum
5. Cisterne
6. Theater
7. Dionysustempel
8. Zeustempel
9. Bovenagora
10. Heratempel
11. Demetertempel en Gymnasion
12. Kızıl Avlu (Rode Hal)
13. Ulu Cami
14. Amfitheater
15. Theater
16. Asklepieion
17. Heilige Weg (Via Tecta)

Overnachten
1. Athena Pansiyon
2. Berksoy Motel

Eten en drinken
1. Asklepion Restaurant
2. Sağlam

Winkelen
1. Bazaar

… in Çandarlı

Aan het strand – Samyeli: Sahil Plaj Cad. 1, bij de burcht, tel. 0232 673 34 28, www.otelsamyeli.com, 2 pk met ontbijt € 30. Nieuwbouw pal aan het strand van het rustige badplaatsje 35 km zuidelijker. Acceptabele kamers, gemoedelijke sfeer. De eigenaar heeft een tijd lang in Duitsland gewerkt en houdt graag zijn Duits op peil.

Eten en drinken

Traditionele keuken – Sağlam 2: Hükümet Meydanı, aan het centrale plein bij het toeristenbureau, www.saglamrestaurant.com. Deze traditionele *lokanta* heeft geen buitenterras. Turkse keuken in vriendelijke sfeer; hier komt de lokale bevolking.

Winkelen

Traditioneel – Rondneuzen in de **bazaar** 1 is een ware belevenis: het assortiment loopt uw kruiderijen tot koperen ketels. De bazaar is op z'n levendigst op maandag, wanneer ook de grote **weekmarkt** wordt gehouden. Dan komen de boeren voor een deel nog met oeroude paard-en-wagens vanuit de heuvels aangereden.

Souvenirs – Als u op zoek bent naar een paar souvenirs, kunt u in de straat naar de bazaar terecht voor allerlei **onyxbewerkers**, **juweliers** en **tapijtenmakers**. Maar het prijsniveau ligt hier tamelijk hoog.

Informatie

Toeristenbureau: İzmir Caddesi 54, tel./fax 0232 633 18 62.
Bus: het intercitybusstation ligt wat buitenaf; vandaar rijden er minibussen naar het centrum. Er rijden ook minibussen naar Dikili, Çandarlı en Ayvalık.

Ayvalık ▶ B 4

Het door Griekse architectuur gekenmerkte Ayvalık (35.000 inwoners) ligt te midden van een prachtig landschap met eilanden en schiereilanden. In de stad, die de Griekse inwoners in 1923 moesten verlaten, ziet u her en der leegstaande of als moskee in gebruik genomen Griekse kerken en Griekse panden in de kenmerkende classicistische stijl. Tegenwoordig is de stad, en dan vooral de villawijk Çamlık aan de zuidrand, in trek als vakantieplaats bij rijke inwoners van İstanbul. De hotelzone **Sarımsaklı**, ongeveer 5 km zuidelijker, heeft daarentegen het beste strand te bieden.

Met een excursie van een dag (beter van twee dagen) kunt u ook een bezoek brengen aan het antieke **Troje** in het noorden bij de zeeëngte van de Dardenellen (5 blz. 57).

Şeytan Sofrası

Van het opvallende rotsplateau halverwege tussen Ayvalık en Sarımsaklı hebt u een fantastisch uitzicht rondom over het grillige kustlandschap. Wie een muntje in een smalle rotssplleet (meteen achter het ronde restaurantgebouw) werpt, mag bij de duivel een wens doen. Velen vragen om geluk en voorspoed.

Cunda (Alibey) Adası

Het nu via een dam bereikbare ex-eiland sluit de beschutte baai van Ayvalık in het noorden af. Tegenover de haven van Ayvalık ligt het plaatsje **Doğaköy**, een klein paradijs van de Egeïsche levensstijl. Behalve enkele goede visrestaurants is hier – buiten het hoogseizoen – niets anders dan een dromerig haventje te vinden, waar zelfs de katten lomer zijn dan waar ook. Van Ayvalık vaart in het hoogseizoen ongeveer elk uur een boot hierheen, 's avonds vaker.

Overnachten

Het hoogseizoen begint hier op de noordpunt pas begin juni en eindigt al half september. Daarna verandert Sarımsaklı al snel in een spookstadje.
In een oud Grieks pand – **Taksiyarhis:** M. Çakmak Cad. 71, tel. 0266 312 14 94, www.taksiyarhispension.com, B&B per persoon € 25. Dit oude Griekse pand achter de Taxiyarchiskerk is in Turkse stijl ingericht met veel hout, oude meubels en kelims. Het heeft eenvoudige kamers en een dakterras, en is in trek bij rugzaktoeristen. Andere pensions in oude historische panden vindt u op www.antikhanpansiyon.com.
Eenvoudige middenklasse – **Ayvalık Palas:** Gümrük Meydanı, havenwijk, tel.

İzmir en het noordelijke deel van de westkust

0266 312 10 64, www.ayvalikpalashotel.com, 2 pk met ontbijt ca. € 40. Nieuwbouw nabij de kust in de havenwijk. Het hotel heeft eenvoudige, maar schone kamers met balkon; aan het water een vlonder voor zwemmers.

… op Cunda (Alibey) Adası

Maritieme sfeer – **Artur Motel:** aan de Kordon van Doğaköy bij het gelijknamige restaurant, tel. 0266 327 10 14, 2 pk met ontbijt € 30. Eenvoudige kamers met een klein terras op het eiland voor de kust. In het hoogseizoen, als de Kordon alom het populairste uitgaansgebied is, wordt het hier rumoerig, maar verder is het zeer idyllisch.

Eten en drinken

Vis aan de haven – **Öz Canlı Balık:** Küçük Liman Cad. 8, tel. 0266 312 22 92. Dit visrestaurant aan de haven van Ayvalık biedt een grote keus, en is geliefd bij gegoede vakantiegangers uit İstanbul. Voor een diner voor twee personen met voorgerecht en vis betaalt u ca. € 45, en dan komen de drankjes er nog bij; 0,5 l rakı kost ongeveer € 10.

Terras aan de kust – **Marti (Yörük Mehmet):** Gazinolar Aralığı 19, tel. 0266 312 68 99. Pal aan het water in de havenwijk. Met het zicht op de glinsterende golven geniet u hier op een beschut terras van vis en Turkse klassieke gerechten.

Eilandidylle – **Nesos:** ook op Cunda zijn langs de Kordon in Doğaköy talloze visrestaurants te vinden (pendelboten 's avonds elke 20 min. vanaf de informatiekiosk). Hier biedt men een goede bediening en verfijnde heerlijkheden, zoals *ahtapot böreği*, deegtasjes gevulde met boterzachte inktvis (ca. € 6).

Winkelen

Ayvalık beschikt over een modern **voetgangersgebied** boven de Cumhuriyet Meydanı. In de **Safa Caddesi**, de oude hoofdstraat, staan talloze traditionele winkeltjes in historische panden. De **weekmarkt** wordt elke do. in Ayvalık gehouden, elke di. in Sarımsaklı.

Uitgaan

Havenbars – In de havenwijk van Ayvalık zijn aan de zeekant enkele aardige etablissementen te vinden, waar men ook een waterpijp *(shisha* of *nargile)* kan roken, bijvoorbeeld in de **Kumru Evi Bar** (Gazinolar Cad).

Nog een tijdje dansen – In het hoogseizoen zijn er disco's open als **Gitaro Club**, Gazinolar Cad., **Club Tropicana**, aan de rand van Sarımsaklı in de richting van Ayvalık, en **Insense Dancing Bar**, aan de weg naar Altınova.

Informatie

Informatiekiosk: op de kade van de excursieboten, tel./fax 0266 312 21 22.
Internet: www.ayvalik.gen.tr (alleen in het Turks, met hotels).
Bus: de intercitybussen stoppen alleen in de hoofdstraat; vandaar rijden er pendelminibussen. Er rijden minibussen naar de stranden van Alibey, Çamlık en Sarımsaklı. Van Ayvalık-centrum rijdt ook een minibus naar Bergama.
Boot: in het hoogseizoen vaart dag. een veerboot van Ayvalık-haven naar het eiland Lesbos. Naar afgelegen stranden varen excursieboten.

In de buurt

Zo'n 48 km noordelijker ligt de stad **Edremit** (▶ C 3, 50.000 inwoners), een bedrijvige stad met historische houten huizen in pittoreske oude straatjes. De Kurşunlu Camii werd in 1231 gebouwd door de Seldjoekse emir die Edremit, het Byzantijnse Adramyttion, veroverd had. In het museum toont men vondsten uit de oudheid en Ottomaanse wapens (di.-zo. 8-12, 13.30-17.30 uur). Op woensdag wordt de weekmarkt gehouden. Dan kunt u 's ochtends een bijzonder authentieke en grote bazaar meemaken.

5 Over de beroemde helden – excursie naar Troje en Assos

Kaart: ▶ B-C 2-3, Oriëntatiekaartje: blz. 59
Vervoer: Auto, Duur: 1 dag mogelijk, beter met overnachting

De dagtocht hoog in de noordpunt van de westkust is niet alleen de moeite waard vanwege de aangetroffen sporen van de Trojaanse Oorlog. Hier kunt u ook nog een uiterst authentiek Turkije leren kennen. Goede badstranden vindt u alleen aan de Golf van Edremit; verder naar het noorden leeft de bevolking nog geheel en al van de landbouw.

Toen de Grieken ooit over de Egeïsche Zee naar de kust van Klein-Azië kwamen, waren ze enthousiast over het land, dat was gezegend met tal van vruchtbare vlakten, waterrijke rivieren en beboste heuvels. Zo'n 3000 jaar geleden stichtten ze hier bijna vijftig steden, maar om één stad moesten ze oorlog voeren: Troje in de noordpunt van de westkust beheerste de doortocht naar de Zwarte Zee via de Dardanellen. Daarmee lieten ze de wereld tevens de opwindendste heldensage uit de geschiedenis na: de verdediging van de Trojanen onder leiding van Priamus en Hector tegen de Achaeërs (Myceense Grieken) onder aanvoering van koning Agamemnon, Achilleus en de sluwe Odysseus.

Het verhaal

Paris, de zoon van de Trojaanse koning Priamus, schaakt de mooie Helena uit Sparta. Hij had eerder verklaard dat Aphrodite de mooiste godin was, en zij had hem als beloning de mooiste sterveling, Helena dus, als vrouw beloofd. Haar echtgenoot Menelaus riep daarop de Grieken op om gezamenlijk in duizend schepen naar Klein-Azië te trekken. Daarna belegerden ze Troje tien jaar lang zonder succes.

Bijna alle helden sterven, en uiteindelijk doodt Achilles de Trojaanse koningszoon en komt zelf om het leven door een pijl. Pas door een list van Odysseus,

İzmir en het noordelijke deel van de westkust

die van de scheepsresten een reusachtig paard laat bouwen, zegevieren de Grieken. In het paard, dat de Trojanen in hun stad binnenhalen, zitten strijders verborgen – Troje gaat daarna in een bloedbad ten onder.

Idagebergte en Olijvenriviera

De route loopt rond de Golf van Edremit met uitzicht op imposante bossen van olijfbomen. Op de markten van **Edremit** (▶ C 3) zijn meer verschillende soorten olijven te koop dan groenten in een West-Europese supermarkt. Zwarte, lichte, groene, gele en ingelegde olijven – en daarbij zitten mannen met diepliggende zwarte ogen en getaande gezichten, en vrouwen met kleurige pofbroeken en hoofddoeken. In het noorden verwelkomt u het Idagebergte, dat tegenwoordig Kaz Dağı (ganzenberg) heet – vanaf de top keken de goden hier neer op het strijdgewoel van de helden bij Troje.

De filosofische school

Bij het verlaten van de Golf kunt u even bij het dorpje Behramkale langsgaan, met de ruïnes van het antieke **Assos** (▶ B 3). In deze stad, waarvan de ruïnes zich uitstrekken van de akropolisheuvel tot onder bij de zee, woonde ooit de grote filosoof Aristoteles, die hier een school leidde voor de vorst Hermias.

Van de Athenetempel op de heuveltop hebt u een prachtig uitzicht op het Griekse eiland Lesvós (Lesbos). Over het middelste terras loopt de antieke hoofdstraat door de necropool naar de stadsmuur en dan naar de agora met ruïnes van openbare gebouwen. Iets dieper nog ligt het theater, en helemaal onder bij de haven dienen de Ottomaanse karavanserais nu als hotel.

De muren van Troje

In **Troje** (▶ B 2) ziet u al van ver de reconstructie van het **Paard van Troje** 1 (een beetje plomp, de mooie filmversie staat in Çanakkale), vervolgens komt u langs de **oostelijke stadsmuur** 2 uit de bronstijd. Deze wordt ingedeeld bij de vestigingslaag Troje VI, dus de laag die in de tijd correspondeert met de eeuw van de Trojaanse Oorlog. Er zijn in totaal negen van zulke tijdlagen aangetroffen, van de vroegste omstreeks 3000 v.Chr. tot de Romeinse tijd. Het paleisgebied uit de bronstijd laat een verwoesting zien. Dit is ingedeeld bij de tijd van Homerus; later werd hier een grote **Athenetempel** 3 bovenop gebouwd. Zo komt u van de tempelruïnes direct bij de resten van de vestigingsfasen I en II. Een deel van de **muur van lemen bakstenen** 4 is gereconstrueerd onder een overkapping van zeildoek. Iets verderop loopt een **hellingbaan** 5 van Troje VI dwars door de stadmuur van Troje II: over dit stenen plateau wandelden Helena en Paris misschien naar het paleis.

Aan het eind van de rondgang komt u bij de **Westpoort** 6 (de Scaeïsche poort van Homerus), waar de Grieken en de Romeinen de dood van Achilles herdachten met **tempels en altaren** 7.

Het museum over Troje

De rol die Troje eens vervulde als toezichthouder op de passage door de Dardanellen, heeft nu **Çanakkale** (▶ B 2). Deze provinciehoofdstad met 91.000 inwoners en continue veerdiensten over de zeeëngte is een bedrijvige stad; de vele studenten van de universiteit dragen bij aan een uiterst levendige sfeer.

De tocht hierheen vanaf Troje is vooral aantrekkelijk vanwege het **Çanakkale Museum**, waar men naast de vondsten uit oudere opgravingen ook nieuwere vondsten uit Troje tentoonstelt. Alle cultuurperioden van Troje zijn hier vertegenwoordigd, zodat een bezoek aan dit museum een goede aanvulling is op de kennismaking met de vindplaats zelf. Interessant zijn ook de vondsten

⑤ Excursie naar Troje en Assos

uit de Dardanus-tumulus. Deze grafheuvel zo'n 10 km ten zuiden van de stad werd in onaangeroerde staat ontdekt. De naam verwijst naar de mythische grootvader van Priamus, naar wie de zeeëngte werd vernoemd. In dit complex dat eeuwenlang als dynastiek graf werd gebruikt, heeft men onder meer gouden grafkransen, beelden en houten meubilair gevonden.

Informatie

Edremit: weekmarkt op woensdag tot ca. 15 uur.
Assos: twee loketten (tempel en agora), dag. 8-17 uur, toegang bij elk TL 5.
Troje: dag. 9-19 uur, laatste toelating 17.30 uur, toegang TL 15.
Çanakkale Museum: di.-zo. 8-17 uur, toegang TL 5.

Overnachten

Er zijn tal van hotels te vinden in de badplaatsen Ören, Akçay en Küçükkuyu aan de Golf van Edremit.

Behram: Assos-haven, tel. 0286 721 70 16, www.assosbehramhotel.com. Dit keurige middenklassehotel biedt aan de voorkant kamers met balkon en havenzicht. Halfpension is aan te raden, want het menu biedt een ruime keus.

Eten en drinken

Altay Restoran: Ören, aan het centrale plein boven het strand, tel. 0266 416 34 00. Dit restaurant met mooi uitzicht over het strand tot het Idagebergte aan de andere kant van de Golf, is prima voor een pauze tussendoor.

Kuşadası en omgeving

Selçuk / Efeze ▶ C 7

Het stadje Selçuk aan de snelweg van İzmir naar het zuiden biedt een landelijke sfeer, maar ook tal van kleine pensions. Nog volkomen authentiek zijn het marktterrein naast het busstation en de eenvoudige *lokanta* bij het spoorwegstation – met uitzicht op de door ooievaars bevolkte stomp van een aquaduct uit de oudheid.

Selçuk is de opvolger van de antieke metropool en Romeinse provinciehoofdstad Efeze (Turks Efes), 3 km westelijker (**6** blz. 62).

Johannesbasilica **1**
dag. 8.30-18.30 uur, TL 5
Op de heuvel van het huidige Selçuk liet keizer Justinianus omstreeks 550 n.Chr. een grote kerk van marmer bouwen boven het vermoedelijke graf van de evangelist Johannes. Het gebouw met een kruisvormig grondplan was voorzien van zes koepels. Voor het ruim 50 m lange atrium werd de heuvel met een onderbouw uitgebreid. In de 11e eeuw werd de kerk door een aardbeving verwoest; rond 1375 werden de meeste stenen gebruikt voor de lager gelegen İsa Bey-moskee. Maar u kunt nu nog steeds een kijkje nemen in de crypte met het graf van Johannes.

Efezemuseum **2**
Kuşadası Yolu, dag. 8.30-12, 12.30-17 uur, toegang TL 5
In dit interessante museum aan de rand van Selçuk richting Artemision toont men beelden en kleine vondsten van de opgravingen. Prachtig zijn de fresco's in de 'hangende huizen' en de befaamde 'veelborstige' Artemisbeelden.

Overnachten

Koloniale ambiance – Kalehan 1: Atatürk Caddesi 49, nabij het benzinestation, tel. 0232 892 61 54, www.kalehan.com, 2 pk met ontbijt € 60-80, ook vier appartementen voor € 90. In een gerestaureerd traditioneel pand aan de voet van de burcht met een mooie tuin. De kamers zijn ingericht met antiek en bieden alle comfort (ook airconditioning); er is een klein zwembad.

Turkse stijl – Akay 2: 1054 Sokak, nabij de İsa Bey moskee, tel. 0232 892 31 72, www.hotelakay.com, 2 pk met ontbijt vanaf € 35, vanaf € 55 in de nieuwbouw. Dit fraaie familiehotel in Turkse stijl is zeer rustig gelegen, met het centrum op slechts 5 min. lopen. Verzorgde kamers, goede prijs-kwaliteitverhouding, met een zwembad in het nieuwe pand.

In het binnenland – Şirince Evleri 3: in het dorp Şirinçe (zie blz. 59), 8 km landinwaarts, tel./fax 0232 898 30 99, www.sirince-evleri.com, 2 pk met ontbijt € 80-110. Dit kleine boetiekhotel in een voormalig Grieks dorp biedt een oase van rust in drie traditioneel ingerichte oude huizen met een romantische sfeer.

Eten en drinken

Bij het aquaduct – Ejder Restoran 1: 9 Cengiz Topel Cad., tel. 0232 892 32 96. Dit restaurant in het oude stadsdeel aan het stationsplein biedt smakelijke

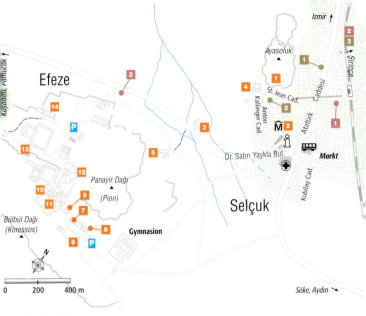

Selçuk / Efeze

Bezienswaardigheden
1. Johannesbasilica
2. Efezemuseum
3. - 14 zie blz. 62

Overnachten
1. Kalehan
2. Akay
3. Şirince Evleri

Eten en drinken
1. Ejder Restoran
2. Meşhur Yandım Çavuş
3. Tusan Lokantası

authentieke gerechten. Het biedt een mooi uitzicht op het laat-Romeinse aquaduct, met veel tafels pal naast het fonteinbassin. In de buurt zijn ook andere goede *lokanta*. Hoofdgerecht € 4,50-9.

Grillspiezen te over – Meşhur Yandım Çavuş 2 : İzmir Cad., www.yandimcavus.com.tr. Dit moderne restaurant staat aan de snelweg (vanaf Selçuk richting İzmir). U kunt er rustig in de schaduw zitten. Men biedt volop keus; specialiteiten zijn *çöp şiş*, krokant gegrilde vleesspiezen. Hoofdgerecht € 4,50-8.

Informatie

Toeristenbureau: Müzesi Karşısı, tel./fax 0232 892 69 45.
Bus: er rijden bussen vanaf Milas en İzmir; vanaf Kuşadası rijden minibussen naar het Efezeterrein en Şirince.

In de buurt

Şirince (▶ D 7): in dit dorpje in de heuvels boven Selçuk leefden vroeger Grieken van de wijnbouw. Het plaatsje, dat ongeveer 10 km oostelijker aan het eind van een pittoresk dal met olijfgaarden ligt, zou als toevluchtsoord voor inwoners van Efeze zijn gebouwd na de Turkse verovering in 1304. Grieken wonen hier sinds 1923 niet meer, maar hun fraaie huizen zijn goed bewaard gebleven. De inwoners leven nu ook nog van de wijnbouw; in de hoofdstraat kunt u behalve voor souvenirs ook uitstekend terecht voor wijn.

Kuşadası ▶ C 7

Deze bedrijvige badplaats (58.000 inwoners) is een van de belangrijkste toeristische centra van Turkije: elk jaar komen

6 Ruïnes en olijven – wandeling door Efeze

Kaart: ▶ C 7, Stadsplattegrond: blz. 61
Vervoer: Te voet over het terrein van de opgravingen, Duur: ca. 3 uur

Het antieke Efeze, dat ooit een metropool van een indrukwekkende omvang was, vormt tegenwoordig het interessantste opgravingsterrein van Turkije – en het is er altijd druk. Maar de stad kent ook tal van routes waar u in alle rust kunt rondzwerven.

In de Romeinse tijd beleefde de grote havenstad zijn bloeitijd als hoofdstad van de provincie Asia. Senatoren en generaals wandelden hier over de Arcadiane, de havenstraat; aan de kaden lagen schepen uit Egypte, Rome en Carthago. Vanwege een toenemende verzanding van de haven verlegde men de stad in de Byzantijnse tijd verder landinwaarts, waar nu de stad Selçuk als opvolger ligt.

De grote Artemis

Vanaf het museumplein in Selçuk wandelt u via de Kuşadası-straat in westelijke richting. Na ongeveer 500 m komt u bij de afslag naar het **Artemision** 3, of beter gezegd: wat er nog over is van de grote Artemistempel van Efeze. Op de onderbouw, voor het grootste deel in het grondwater, staan nog enkele zuilen, waarop nu een ooievaarspaar nestelt. In het heiligdom stond vroeger het 'veelborstige' Artemisbeeld (in werkelijkheid ging het hierbij om aan het beeld gehangen testikels van geofferde stieren). Het was in de oudheid het belangrijkste bedevaartsoord van Klein-Azië.

De tempel gold als een van de zeven wereldwonderen. Ook de schatrijke koning Croesus en Alexander de Grote schonken zuilen en geld. De tempel zou verwoest zijn bij een plundering door de Goten in 262 n.Chr., maar waarschijnlijk werd hij pas zeventig jaar later verwoest bij een vervolging van aanhangers van de oude goden onder Constantinus II. Als u in de richting van de burchtheuvel gaat, ziet u de **İsa Bey Camii** 4, die in

6 Wandeling door Efeze

1375 werd gebouwd met stenen van de Johannesbasilica (zie blz. 60).

Verderop in de Kuşadası-straat ziet u rechts de huidige rijweg over een smalle laan met eucalyptusbomen. Het is nauwelijks voor te stellen dat dit tot voor dertig jaar nog de hoofdstraat was. Na ruim 500 m buigt er links een landweg af, die u langs stille olijfgaarden volgt tot de landweg wordt gekruist door een asfaltweg; ga daar linksaf. Rechts ziet u nu de kale Pionheuvel, waar aan de westkant het stadscentrum van Efeze ligt. Links glinsteren de zilvergroene bladeren van de olijfbomen.

Zeven slapende christenen

Na ongeveer 300 m bereikt u het zogeheten **Zevenslapersdistrict** 5. Op deze plaats zouden zeven jonge christenen (waarschijnlijke soldaten) die geen offer aan keizer Decius wilden brengen, de tijd van hun vervolging slapend hebben doorstaan. Pas toen keizer Theodosius I de oude godenverering verbood en de tempels liet verwoesten, werden ze weer wakker. Het betreft hier een begraafplaats met talloze grafgrotten en kapellen die zeer onoverzichtelijk is en ook niet wordt bewaakt: daarom is het terrein met een omheining afgeschermd. Maar u kunt hier een heerlijke pauze inlassen bij de **lokanta**, waar u op Ottomaanse zitkussens in de schaduw van bomen zit en een verfrissende *ayran* kunt drinken.

Van hier loopt u dan 1,2 km verder om de heuvel heen naar de volgende grote straat, terwijl van de vlakte een warme stoffige wind door de olijfgaarden waait. Als u dan rechtsaf gaat, bereikt u al vrij snel de boveningang van het **opgravingsterrein** (1 km).

De marmerstad

Meteen na de ingang ziet u de grote **staatsagora** 6 (links), met hiertegenover het **Prytaneion** 7 en het **Odeion** 8, waar de raadsleden vergaderden en de stadsambtenaren werkten. Vanaf dit punt loopt een straat die ooit de mooiste ter wereld was langs de heuvel omlaag, geheel van marmer en omzoomd met tempels, badhuizen en monumenten: de **Curetenstraat** 9, zo genoemd naar de priesters van de stadsgodin Artemis.

De straat komt uit op de beroemde **Celsusbibliotheek** 10, waarvan de voorgevel door archeologen volledig weer is opgebouwd. Iets ervoor ziet u de zogenaamde **hangende huizen** 11, prachtige villa's uit de tijd van de Romeinen (afzonderlijk entreegeld).

Heel bijzonder is ook het aan het eind van de 1e eeuw voltooide **theater** 12 – het grootste van Turkije met zitplaatsen voor 25.000 toeschouwers. Boven hebt u een prachtig uitzicht over de havenstraat **Arcadiane** 13 en het terrein van de grote haventhermen. Verderop liggen de ruïnes van de **basilica** 14 waar Maria in 431 tot 'Moeder van God' werd verklaard. Vanaf het theater bent u met een paar passen bij de benedeningang van de grote souvenirmarkt. Hier kunt u een taxi of een minibus nemen voor de terugrit naar Kuşadası of Selçuk.

Informatie

Stadsterrein: dag. 8.30-18 uur, toegang tot 17 uur, per persoon ca. TL 20 plus TL 15 voor de hangende huizen.
Artemision: dag. 8.30-18 uur, TL 5.
Zevenslapersdistrict: dit afgesloten terrein is niet officieel toegankelijk.

Eten en drinken

Tusan 3: Kuşadası Yolu, bij de afslag naar Efeze. Het vroegere motel is nu alleen nog een restaurant. U kunt er aangenaam eten en drinken in de schaduw van bomen. Hier stoppen ook de bus en *dolmuş* naar Selçuk.

Kuşadası en omgeving

hier zo'n zeshonderd cruiseschepen, er liggen grote hotelcomplexen en er is een gordel van villadorpen die helemaal reikt tot aan Güzelçamlı in het zuiden. Van het verleden van deze aan het eind van de 13e eeuw door Genuezen gestichte havenstad is nauwelijks nog iets te merken. Het lijkt hier alleen maar om vakantieplezier te gaan – strand, disco, winkelen.

De grote steden van de klassieke oudheid, **Priëne** en **Milete** met de **Didymatempel**, die heel idyllisch op de vlakte van Büyük Menderes liggen (7 blz. 68), zijn echter goed te bereiken voor een dagexcursie.

Öküz Mehmet Paşa Han 1

aan de haven, Barbaros Caddesi, alleen de binnenplaats is toegankelijk
De versterkte karavanserai aan de haven, die in het begin van de 17e eeuw door een Ottomaanse gouverneur werd gebouwd, is verbouwd tot een luxehotel met restaurant (Club Caravanserail). De schaduwrijke binnnenplaats met een

Zicht over het stadsstrand en op een groot cruiseschip in de haven van Kuşadası

Kuşadası

algemeen toegankelijk café is het meest romantische plekje van de stad.

Çalıkuşu Evi [2]

Atatürk Bulv., hoek M. Öz Sok. dag. 8-12, 13-20 uur

Het historische pand aan de kustpromenade is gerestaureerd en biedt nu ruimte aan een kunstgalerie.

Güvercinada [3]

Het Genuese kasteel op 'Duiveneiland', dat in het begin van de 19e eeuw werd verbouwd, biedt een mooi uitzicht op de stad en de jachthaven. Vooral 's avonds is het bijzonder sfeervol; de **café-bar** is ook populair bij Turkse tieners.

Neopolis (Yılancı-landtong) [4]

3 km ten zuiden van de haven aan de kust

Op de landtong stichtten Ionische Grieken uit de Peloponnesos rond 1100 v.Chr. een nederzetting. Doordat de kust door aardbevingen is verzakt, staan grote delen nu onder water. Maar het schiereiland biedt wel een stuk kust met een nog ongerepte natuur.

Overnachten

Luxehotels zijn te vinden ten noorden van het centrum en vooral in het zuiden bij het Kadınlarstrand. In het centrum staan voor het stadsstrand talloze moderne stadshotels. Pensions vindt u vooral in het hogere oude stadsdeel.

Aan de haven – **Liman Hotel** [1]: Kıbrıs Cad. 4, tel. 0256 612 77 70, www.limanhotel.com, 2 pk met ontbijt € 30-45. Dit hotel pal achter de haven richting Güvercinada biedt aardige betegelde kamers met een klein balkon.

In het oude stadsdeel – **Villa Konak** [2]: Yıldırım Cad. 55, tel. 0256 614 63 18, www.villakonakhotel.com, 2 pk met ontbijt € 60-70. Dit pittoreske hotel in het hoger gelegen oude stadsdeel bestaat uit enkele oude Konak-huizen van hout. Smaakvol ingerichte kamers rond enkele binnenplaatsen, met een zwembad.

Chic – **Kismet** [3]: Gazi Begendi Bulv. 1, tel. 0256 618 12 90, www.kismet.com.tr, 2 pk met ontbijt ca. € 100. Dit traditionele hotel boven de jachthaven (2 km van het centrum) werd opgericht door een nicht van de laatste Ottomaanse sultan. In de lobby hangen foto's van beroemdheden die hier verbleven, onder wie de Engelse koningin Elizabeth II. De kamers bieden airconditioning, verwarming, satelliet-tv en zeezicht; het hotel heeft

Kuşadası en omgeving

een zwembad met waterval, een eigen rotsstrand en watersportfaciliteiten.

Eten en drinken

Visrestaurants zijn te vinden aan de haven en langs de weg naar 'Duiveneiland'. Restaurants zijn volop te vinden in de oude bazaar tussen Barbaros Bulvarı (het voetgangergsgebied) en Sağlık Caddesi. Eenvoudige kebabrestaurants zijn er achter de Hanım Hatice Camii.

Zeebanket – **Ali Baba** [1]: aan de haven. De enorme keus aan zeebanket wordt zeer aantrekkelijk gepresenteerd. Talloze obers zorgen voor een attente bediening. Inktvissalade € 8, voorgerecht ca. € 4, vis per kg € 20-45.

Als bij een pasja – **Paşa** [2]: Cephane Sok. 21, tel. 0256 612 31 13, in de bazaarwijk. In een Ottomaans huis van hout, met grote tuin, antiek en keurige bediening. Vooral grillgerechten en internationale keuken. Voorgerecht vanaf € 3, hoofdgerecht € 5-12.

Traditionele keuken – **Öz Urfa** [3]: Cephane Sok. 9, in de bazaarwijk. Eenvoudig, keurig restaurant met een Turkse traditionele keuken; veel lekkere zelfgemaakte stoofgerechten (ca. € 5).

Winkelen

Souvenirs – Rond de karavanserai, vooral in de **Oriëntbazaar** [1]; veel winkels zijn speciaal gericht op gasten van cruiseschepen (textiel, goud, tapijten). In de **bazaarwijk** [2] vindt u antiquiteiten en handgemaakte souvenirs.

Goudensieraden – **Jewelex** [3]: Barbaros Bulv. 7, tel. 0256 614 19 45. De juwelier tegenover de oude karavanserai biedt bijzonder mooie eigen creaties.

Uitgaan

Dansen – een levendig uitgaanscentrum is de oude **bazaarwijk** ten noorden van de Barbaros Bulvarı (voetgangersgebied): aan de **Tuna Sokak** [1] staan talloze muziekbars.

Party – **Bar Street** [2]: de Barlar Sokak aan de bovenzijde van de Hatice Camii is berucht. Hier wemelt het van de discobars en Britse meiden staan er al vroeg op de bar te dansen. De toegang is overal gratis, maar de drankjes zijn wel vrij duur. Heel populair zijn **Temple Bar**, **Orange Bar** en **Angel's**.

Sport en activiteiten

Stranden – Het met palmen geaccentueerde **stadsstrand** [1] ligt aan de promenade bij de Atatürk Bulvarı, waar u via een houten vlonder in het water kunt gaan. Ook al ligt het strand ingeklemd tussen de haven en de jachthaven, het voert al sinds 2002 een blauwe vlag.

Het befaamde **Kadınlar Plajı** (Ladies Beach) verder naar het zuiden heeft fijn zand, maar is wel druk en omringd door hotels. Ook in trek is het **Long Beach** nog 3 km verderop (minibus: Sahil Siteleri). Als heel schoon staan bekend **Yılancı Beach** [2] en de stranden van het **nationaal park Dilek** (35 km zuidelijker, zie blz. 67).

Recreatiezwembad – **Adaland Aquapark** [3]: Pamucak, 11 km van Kuşadası, 9 km van Selçuk, www.adaland.com. Dit gigantische recreatiebad heeft tal van glijbanen en zelfs een raftingparcours, toegang € 15, kinderen € 12. Ook is er een dolfijnenshow; voor € 120 mag u met dieren zwemmen. Overigens roepen dierenbeschermers op tot een boycot van deze afdelingen.

Duiken – **Seagarden Dive Centre** [4]: Yılancı Burnu, tel. 0256 612 40 80, www.seagardendiving.com. Dit duikstation ligt 2 km ten zuidwesten van het centrum voorbij 'Duiveneiland'. Men biedt erkende PADI-duikcursussen en duiktrips met gehuurde uitrusting.

Informatie

Toeristenbureau: Liman Cad., tel. 0256 614 11 03.
Internet: www.kusadasiguide.com,

Kuşadası

Bezienswaardigheden
1. Öküz Mehmet Paşa Han
2. Çalıkuşu Evi
3. Güvercinada
4. Neopolis (Yılancı-landtong)

Overnachten
1. Liman Hotel
2. Villa Konak
3. Kismet

Eten en drinken
1. Ali Baba
2. Paşa
3. Öz Urfa

Winkelen
1. Oriëntbazaar
2. Bazaarwijk
3. Jewclex

Uitgaan
1. Tuna Sokak
2. Bar Street

Sport en activiteiten
1. Stadsstrand
2. Yılancı Beach
3. Adaland Aquapark
4. Seagarden Dive Centre

www.kusadasihotels.com en www.kusadasi.com.
Bus: station voor regionale bussen aan de Demirel Bulvarı. Goede minibusverbinding met Davutlar (strandhotels), Güzelcamlı (dorp bij nationaal park Dilek), Selçuk / Efeze (zie blz. 60) en Söke (met minibussen naar Priëne, zie blz. 70).
Veerboot: apr.-okt. dag. 's ochtends naar het Griekse eiland **Samos**, retour tegen 17 uur. Enkele reis € 35, retour € 40, www.meandertravel.com. Een paspoort is hierbij noodzakelijk.

In de buurt

Nationaal park Dilek (▶ C 7 / 8): het schiereiland van de **Samsun Dağı** steekt uit tot op 1,3 km van het Griekse eiland

7 De verdwenen zee – Milete, Priëne en Didyma

Kaart: ▶ D1-G8, Oriëntatiekaartje: blz. 70
Vervoer: Openbaar vervoer

Thales van Milete, de grote filosoof en wiskundige, zou zijn land nu niet meer herkennen. Waar vroeger de zee stroomde, ligt nu land. Dit is in een kleine 2500 jaar aangeslibd door de rivier Büyük Menderes, de Meander van de oudheid. Tussen de twee antieke havensteden Priëne en Milete rijdt men nu over een uitgestrekte vlakte.

Het laatste restant van de voorheen ruim 40 km lange Golf van Latmos, die tussen Priëne en Milete lag, is het Bafa Gölü aan de voet van het Latmosgebergte (dat tegenwoordig Beşparmak of Tekke Daği heet).

Stad van de katoenkoningen

Vanaf Kuşadası rijdt u via Söke naar Priëne; als u vanaf Bodrum komt, rijdt u rechtstreeks naar het Bafa Gölü. In **Söke** 1, met pal naast de moskee een levendige markt (woensdag), zijn de grote katoenproducenten gevestigd die eigenaar zijn van de uitgestrekte velden in de Meandervlakte en aan wie Söke de bijnaam 'Stad van de katoenkoningen' te danken heeft. Tijdens de oogst in juni staan er langs de kant van de weg lange rijen plastic tenten: die zijn het onderkomen van de dagloners uit het oosten die hier de witte bollen plukken. Dankzij het katoen is Turkije een van de grootste textielproducenten ter wereld.

Het restmeer

Söke ligt aan de noordelijke kustlijn van de oudheid, 30 km zuidelijker ligt de oever van het **Bafa Gölü** 2 (Bafameer). De huidige kustlijn ligt 15 km ten westen van Söke: er is door de rivier een immense vlakte aangeslibd waardoor een deel van de baai nu een zoetwatermeer is geworden. Het is nauwelijks voor te stellen dat Alexander de Grote nog op een schip heeft gevaren waar nu de grondstof voor onze T-shirts groeit.

❼ Milete, Priëne en Didyma

Het Bafameer ten noordoosten van Bodrum is nog een van de meest ongerepte regio's van West-Turkije. Op de heuvelhellingen rond het meer staan miljoenen olijfbomen; de grootste nederzetting, Çamiçi, heeft hooguit 1500 inwoners. Voor een pauze tussendoor lokken de *lokanta* aan de oever, waar men pas gevangen vis uit het meer serveert. Als u genoeg tijd hebt, kunt u ook nog de ruïnes van het antieke **Herakleia** ❸ aan de oostzijde bezoeken. Hier ziet u een bijzondere combinatie van antieke ruïnes en het leven van alledag in het dorpje Kapıkırı.

Orakel van het oosten

Didyma ❹, 30 km ten westen van het meer, was ooit naast Delphi het bekendste orakel in de Griekse wereld. Het viel destijds onder het bestuur van de nabijgelegen stad Milete. De ooit 24 m hoge tempel voor de god Apollo zou 112 zuilen met een doorsnede van 2 m hebben bevat – ook al is het bouwwerk in een bouwperiode van meer dan 500 jaar nooit voltooid. Toch staat men nu vol ontzag voor het reusachtige 'verschijningsvenster' van de voorhal. Gewone stervelingen mochten de binnenhof, waarheen aan weerszijden een overdekte doorgang leidde, niet betreden. Op deze binnenhof stond een tempeltje met het cultusbeeld, omringd door het heilige bos van Apollo. Deze ruimte mochten alleen de priesters betreden. Zij verkondigden de orakelspreuken van de god aan de gelovigen die in de voorhal stonden te wachten.

Al in de tijd van Homerus vereerde men hier bij een laurierbos Apollo en Artemis, de goddelijke tweeling (Grieks *didymoi),* die hier werd grootgebracht door Zeus en Leto. Deze locatie lag rond 1100 v.Chr. nog op een ver in zee uitstekend schiereiland en was misschien een van de eerste plaatsen waar zich Grieken uit het westen vestigden in de periode van de Ionische kolonisatie. Tijdens de Perziche Oorlogen werd het heiligdom verwoest en werden de priesters naar Afghanistan in het oosten van het Perzische Rijk afgevoerd. Alexander de Grote haalde na zijn zege over de Perzen omstreeks 330 v.Chr. hun afstammelingen terug. Daarna bouwde men hier een van de indrukwekkendste tempels van Klein-Azië met de financiële steun van alle machthebbers, van Alexander tot de keizers van Rome. Twee van de grote zuilen, die slechts met vier man zijn te omvatten, staan nog intact op hun plaats.

De koningin van de westkust

Een heilige processieweg van 18 km verbond Didyma met **Milete** ❺; de huidige straat komt slechts voor een deel daarmee overeen. Dat Milete ooit een havenstad was, is zelfs vanaf de theaterheuvel nauwelijks meer te zien – toch volgt de loop van de Büyük Menderes tamelijk precies de kustlijn van de oudheid. Milete staat nu te midden van de katoenvelden in het grondwater, maar in de 6e en de 5e eeuw v.Chr. was het een van de grote metropolen aan de westkust. De filosofen van Milete speelden in de hoogtijdagen van het Griekse Ionië (6e-5e eeuw v.Chr.) een belangrijke rol bij de ontwikkeling van de natuurwetenschap en de wiskunde.

Bijzonder imposant is het **theater** met plaats voor meer dan 20.000 toeschouwers, dat later door de Menteşe-emirs tot kasteel werd verbouwd. De **Leeuwenhaven** is net als de **noordagora** met zijn Ionische zuilenhal alleen 's zomers met droge voeten te bereiken. Zo zijn ook veel culturele hoogtepunten van deze stad niet meer te zien, zoals het schaakbordpatroon dat werd ontwikkeld door de architect Hippodamus van Milete en dat nu nog steeds in de stadsplanologie wordt toegepast.

Voorbij het bisschoppelijk paleis komt

Kuşadası en omgeving

u bij de **Faustinathermen**, waarvan de zware bakstenen muren goed bewaard zijn gebleven. De İlyas Bey-moskee iets verderop werd in 1404 gebouwd met marmer uit het antieke Milete.

Tempel op de heuvelhelling

Onderweg naar **Priëne** 6 (25 km) is het goed voor te stellen dat hier vroeger een zee lag. De velden, waar honderden ooievaars vertoeven, strekken zich hier volkomen vlak uit. U passeert slechts een enkele heuvel: het antieke eiland Lade. In de Slag bij Lade werd de verenigde vloot van de Grieken in 496 v.Chr. vernietigend verslagen door de Perzen.

Priëne werd daarop verwoest en is pas 100 jaar later opnieuw opgebouwd op de helling van de Samsun Dağı. Cultuurhistorisch is de stad een uitzondering: anders dan bij de meeste antieke vindplaatsen in Turkije stammen veel bouwwerken hier nog uit de vóór-Romeinse tijd. Het schaakbordpatroon van Hippodamus is ondanks het verloop van de heuvelhelling goed te zien.

De antieke stad ligt op een uitloper van de Samsun Dağı te midden van een prachtig landschap. Bezienswaardig is vooral de **Athenetempel**; vier van de 34 zuilen staan er nog. Bij het **theater** zijn de marmeren zetels van de notabelen nog intact, die de stad bestuurden vanuit de publieke gebouwen aan de agora, zoals het Prytaneion (zetel van de magistraat) en het Bouleuterion (raadshal).

Bezienswaardig

Didyma, **Milete**, **Priëne**: dag. 8-17.30, 's zomers 8.30-19 uur. toegang elk TL 5.

Eten en drinken bij de waterval

Aan de voet van Priëne ligt het dorp Güllübahçe, waar u in het **Şelale Restoran** 1 bij het antieke aquaduct prima kunt bijkomen en gegrilde forel kunt eten (ca. € 5, dag. 10-22 uur).

Eten en drinken aan het strand

Het vakantieplaatsje Didim (zie blz. 71) is opgebloeid rond het **Altınkum Plaj**, dat vroeger een van de mooiste stranden van de westkust was. U vindt er tal van restaurants in alle soorten.

Veerboot van Bodrum

De lange rit via Milas kunt u zich eventueel besparen als de veerboot vanaf Yalıkavak vaart. Deze gaat 's middags naar Didim / Altınkum, waardoor u daar dan wel moet overnachten.

Overnachten bij de tempel

Medusa House 1: Hisarköy Mah, bij de tempel, tel. 0256 811 00 63, mobiel 0542 725 86 22, www.medusahouse.com, 2 pk € 60-70. Dit mooie pension in een oud pand van natuursteen biedt smaakvol ingerichte kamers: smeedijzeren bedden, zachtgele muren, houten meubilair. Het ontbijt wordt in de tuin op antieke kapitelen geserveerd.

Didim

Samos en is een populaire weekendbestemming. Door de week zijn de stranden leeg; voor natuurliefhebbers zijn er stille paden in het beboste gebergte.
Klaros (▶ C 7): 27 km noordwaarts, dan afbuigen in de richting van Menderes / Ahmetbeyli. De antieke vindplaats is alleen aan het eind van de zomer een bezoek waard, want in het voorjaar staan de ruïnes van de tempel met zijn onderaardse orakelruimte in het grondwater. Op de terugweg kunt u verkoeling zoeken aan het zandstrand bij Notion Restoran en een kijkje nemen in de antieke stad **Notion** op de heuvel in het zuiden.

Didim ▶ C 8

Aan het fijnzandige 'Gouden strand' Altınkum, 6 km ten zuiden van de Didymatempel (zie blz. 69), stonden dertig jaar geleden nog vissershutten. Nu ligt er een moderne badplaats met een moderne jachthaven, waar vooral Britten en (in het hoogseizoen) Turken komen. Didim, zoals de badplaats heet, is niet echt een rustig en idyllisch plaatsje. De disco's worden drukbezocht en sluiten pas ver na middernacht.

Overnachten

Appartement aan zee – Hera Apart: Didim Plaj, Yalı Cad. tel. 0256 813 58 91, www.heraapart.com.tr, appartement voor vijf personen voor een week in juni vanaf € 540. Verzorgd appartementenhotel aan het strand, met restaurant. Er komen veel Britten; gezinsvriendelijke sfeer.

Eenvoudig en goed – Didim House: Didim Plaj, Karakol Cad. 18, tel. 0256 813 66 86, didymahousehotel@gmail.com, 2 pk vanaf € 35. Dit keurige, kleine hotel staat in de tweede linie vanaf het strand; met zwembad en restaurant.

Eten en drinken

Romantische ambiance – The Summer Garden: Yalı Cad. Bijzonder mooi gelegen in de restaurantbuurt tussen het centrale strand en het ooststrand, met terras op zee. Men serveert Turkse en internationale gerechten – stevige prijzen.

Heerlijke vis – Kamici 2: dit visrestaurant boven de aanlegsteiger biedt een uitstekende bediening en uitzicht over het hele plaatsje. Goede *mezeler*, heerlijke visgerechten en een internationale keuken.

Tussen de inwoners – Yasemin Balık Lokanta: Çiçek Sok. 1, een straatje naar het strand nabij de Night Garden Bar, tel. 0256 813 31 99. Verzorgd visrestaurant; chef-kok Hüseyin Görücü heeft lange tijd in Frankrijk gewerkt en presenteert zijn gerechten met een Franse charme. Visschotel ca. € 19, goedkope dagschotels ca. € 8, voorgerecht vanaf € 3.

Wandelvakantie aan het Bafameer

In de idyllische omgeving van het **Bafameer** (▶ D 8) organiseren Orhan Serçin en zijn vrouw Özgün van het Agora Pansiyon wandelvakanties met gids. Het pension is mooi ingericht met landbouwwerktuigen uit vroeger tijden, en onlangs is er een hammam aangebouwd. De ochtend begint met een karakteristiek Turks ontbijt met schapenkaas, olijven, augurken, tomaten, yoghurt, honing, *çay* of oploskoffie. 's Avonds wordt er vlees of vis gegrild. Voor de gasten organiseert Orhan boottochten en wandelingen naar kloosters met oude frescoresten, en een verkenning van de ruïnes van de antieke stad Herakleia.
Agora Pansiyon: Kapıkırı, tel. 0252 543 54 45, fax 0252 543 55 67, mobiel 0542 683 85 35, info@herakleia.com, www.herakleia.com.

Met zijn gigantische zuilen is de Didymatempel de grootste tempel van Klein-Azië

Winkelen

Souvenirs – In de **straatjes bij Çay Bahçesi** (Theetuin) aan het strand zijn veel souvenirs te koop. Bij de Didymatempel vindt u een goede **tapijtenhandelaar** en twee **onyxslijperijen** waar u bij de werkplaats kunt kopen.

Markt – Bijzonder interessant is de grote, nog zeer authentieke **weekmarkt in Söke** (▶ C 7, zie blz. 73) op woensdag.

Uitgaan

Het middelpunt van het uitgaansleven in Didim is de promenade aan de haven: hier wemelt het 's zomers van buitenlandse en Turkse toeristen in de bars en theehuisjes. **Anadolu Night Club** is een populaire muziekbar.

Dansen – **Medusa Nightclub:** aan het ooststrand. De meest trendy disco van de regio, deels in de openlucht, met westerse en Turkse popmuziek. De drankjes zijn niet al te duur. Bij de entree loopt u door een veiligheidspoortje.

Informatie

Informatiekiosk aan het strand.
Bus: er is een minibusverbinding met

Söke

Balat (Milete), Güllübahçe (Priëne), Söke en Selçuk; in het hoogseizoen ook een rechtstreekse verbinding met İzmir.
Boot. dag. dagtochtjes naar baaien als **Paradise Island**, vertrek om 9.30 uur. In het hoofseizoen varen er snelle draagvleugelboten naar **Turgutreis** of **Yalıkavak (Bodrum)**; inlichtingen aan de haven of via www.bodrumexpresslines.com.

In de buurt

Akbük Bay (▶ C 8): in de baai 20 km ten oosten van Didim is de sfeer iets rustiger. Hier zijn chique vakantievilla's gebouwd waar veel inwoners van İzmir graag het weekend doorbrengen. Het vissersdorp Akbük met enkele eenvoudige hotels en visrestaurants vormt het centrum van een ongeveer 15 km lang zandstrand, waaraan ook diverse luxehotels en uitgetrekte villacomplexen liggen.

Söke ▶ C 7

Dit levendige stadje is het middelpunt voor de dorpen op de Meandervlakte in het zuiden (zie blz. 68). Hier belandt u plotseling in het 'echte', het oriëntaalse Turkije. U kunt er het best een kijkje nemen op woensdag, wanneer de weekmarkt wordt gehouden. Naast de markt met opeengestapelde meloenen, tomaten en olijven treft u levendige straatjes aan met theehuisjes en eenvoudige gaarkeukens.

Vlak bij Söke begint de snelweg die via Aydın door het dal van de Büyük Menderes, de Meander van de oudheid, landinwaarts voert naar het beroemde Turkse natuurwonder **Pamukkale** (**8** blz. 74).

Eten en drinken

Traditionele keuken – **Konak Lokanta:** Cumhuriyet Cad., nabij de Ilyas Beymoskee. Hier serveert men in een eenvoudige ambiance lekkere stoof- en grillgerechten. Vriendelijke bediening.

In de buurt

Magnesia (ad Maiandros) (▶ D 7): de antieke stad 15 km ten noorden van Söke werd beroemd omdat men hier de Atheense staatsman Themistokles asiel bood toen hij werd verbannen. U ziet er nu nog de oude stadsmuur, ruïnes van een Romeinse kazerne en de restanten van een tempel in Ionische stijl, die de Romein Vitruvius ooit roemde als de mooiste van alle Griekse tempels.

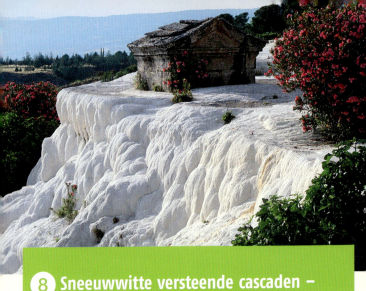

8 Sneeuwwitte versteende cascaden – Pamukkale

Kaart: ▶ G 7
Vervoer: Auto, Duur: 2 dagen

Sneeuwwit is het kalksteen van Pamukkale. De naam betekent zoveel als 'Katoenkasteel', ofwel 'Witte Burcht'. Van een afstand lijkt de heuvelhelling wel een bevroren waterval. 's Zomers flonkert het water met alle schakeringen van turkooisblauw, en 's winters stijgt hier een dampende wasem uit het bassin op.

Het dorpje Pamukkale ligt ongeveer 20 km ten noorden van de provinciehoofdstad Denizli aan het eind van de grote slenk die de loop van de Meander volgt. Als gevolg van de geothermische energie zijn er in het bovenste deel tal van warmwaterbronnen te vinden, maar uniek is de bron bij het antieke Hiërapolis: het warme water (30-50 °C) bevat hier opgelost calciumbicarbonaat, dat bij afkoeling uiteenvalt in kooldioxide en calciumcarbonaat – zo ontstaat kalk. Dat slaat neer, klontert samen en vormt dikke lagen, waardoor het wegvloeiende water wordt tegengehouden en er op natuurlijke wijze vlakke, terrasvormige bassins, diepe troggen en versteende cascaden ontstaan.

Van Pamukkale naar Hiërapolis

Van het dorp leidt een **voetpad** ❶ omhoog naar de terrassen, die men echter alleen blootsvoets mag betreden – om beschadiging te voorkomen is het bovendien verboden de verkalkte oppervlakken te betreden. Nog een andere **toegang** ❷ is te vinden in het zuiden (oprit vanaf het dorp, kort voetpad). Een derde toegang, met een groot parkeerterrein voor bussen, bevindt zich in het noorden (oprit via het wat troosteloze kuuroord Karahayıt, voetpad ca. 2,5 km via de antieke necropolis).

Boven de verkalkte heuvelhelling ligt het antieke kuuroord **Hiërapolis**, dat in 190 v.Chr. werd aangelegd door de koning van Pergamon, Eumenes II (zie blz. 51). In het centrum liggen de vroegere

Pamukkale

baden (thermen), waar nu een **museum** 3 is ondergebracht. U kijkt er uit op de grillige kalkformaties die voor een deel antieke huizen en muren in het kalk hebben 'ingebakken'. Van dit punt gaat u omhoog naar het fraai gerenoveerde **theater** 4 met 12.000 zitplaatsen. Halverwege ziet u het tempelplateau met de resten van een **Apollotempel** en de **Plutogrot** 5 voor de god van de onderwereld, aan wie men de genezende kracht van het bronwater toeschreef. In het antieke **zwembad** 6 kunt u vandaag de dag nog tussen de omgevallen zuilen zwemmen (TL 20, kinderen TL 8).

Kijk in noordelijke richting ook even bij de **agora** 7 met de **stadspoort** 8 en verderop de **necropolis** 9, de grootste antieke begraafplaats van Klein-Azië.

Van Pamukkale naar Aphrodisias

Op 8 km van Pamukkale ligt de antieke stad **Laodikeia**, die kon profiteren van de vele passerende bezoekers van het kuuroord Hiërapolis. Bij recente opgravingen zijn delen van gebouwen en een prachtige zuilengang blootgelegd.

Op de terugweg is het de moeite waard een kijkje te nemen in **Aphrodisias** (▶ F 7), dat in de keizertijd met zijn school van beeldhouwers een rol speelde die te vergelijken is met die van Florence in de renaissance. Tevens geldt de stad als een van de best behouden steden uit de oudheid in Klein-Azië. Het mooiste bouwwerk is de Tetrapylon, een ceremoniële poort met de spiraalvormige zuilen waar de beeldhouwers van Aphrodisias om bekendstonden.

Informatie

Pamukkale / Hiërapolis: dag. 9-17 uur, 's zomers 19 uur, toegang TL 20.
Pamukkalemuseum: dag. 9-18 uur, laatste toelating 17 uur, toegang TL 3.
Laodikeia: dag. 9-18 uur, toegang TL 10.
Aphrodisias: 9-18 uur, toegang TL 8.

Overnachten

Yörük Motel 1: Atatürk Cad., aan de hoofdstraat midden in het dorp, tel./fax 0258 272 26 74, www.artemisyorukhotel.com. Dit goede middenklassehotel biedt kamers in motelstijl rond een zwembad van een warmwaterbron, en gratis internet.

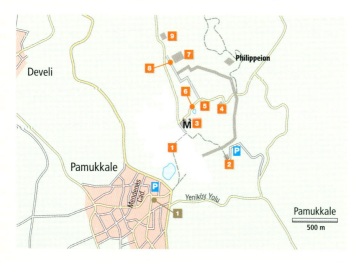

Bodrum en omgeving

Bodrum ▶ C 9

Bodrum is een droomstadje aan de westkust, met witte huizen die dicht opeen tussen het groen van de bomen en het blauw van de zee staan, met daarboven het imposante, door een woud van masten in de jachthaven omringde kasteel. Toen de stad werd gesticht, kreeg het de naam Halicarnassus. Het werd de hoofdstad van het rijk van de Carische heerser Mausolus (377-353 v.Chr.). Zijn prachtige graftempel was in de oudheid een van de zeven wereldwonderen. In de middeleeuwen hadden de johannieters van Rhodos hier een steunpunt; zij bouwden de Petrusburcht, maar sloopten daartoe de graftempel van Mausolus tot aan de fundamenten. In 1522 moesten deze Europese ridders het veld ruimen voor de Ottomanen, waarna de stad een dromerig plaatsje werd. De naam Petrus werd in het Grieks Petronion en in het Turks Bodrum.

Cevat Sakir, die als ongewenste journalist door Atatürk in de gevangenis van het kasteel werd gegooid (zie blz. 12) gaf Bodrum sinds de jaren '20 van de 20e eeuw bekendheid als een vakantieparadijs. Na de Tweede Wereldoorlog brak hier met Britse zeilers de tijd van het toerisme aan. Tegenwoordig krioelt een bont volkje van jaarlijks 400.000 toeristen uit de hele wereld in en rond Bodrum, dat zelf niet meer dan 34.000 inwoners telt. De toeristen komen behalve voor het strand en de zon vooral voor het uitbundige uitgaansleven, want rust vindt men alleen in de afgelegen uithoeken van het schiereiland Bodrum (zie blz. 94).

Een hoogtepunt is de bezichtiging van het middeleeuwse **ridderkasteel** [1] - [15], waarin nu het wereldwijd belangrijkste **Museum van Onderwaterarcheologie** is gehuisvest; u ziet hier onder meer spectaculaire, tot wel 3500 jaar oude scheepswrakken ([9] blz. 80). Maar ook een wandeling aan de rand van de stad naar de resten van het **Mausoleion** [16], de **Myndospoort** [17] en het **antieke theater** [18] is de moeite waard ([10] blz. 83).

Zeki Mürenmuseum [19]

Zeki Müren Cad., boven de discotheek Halikarnas, dag. 8.30-12, 13-17.30 uur, toegang € 2,50

Hier worden leven en werk van de beroemdste arabeskzanger van Turkije, de ster van de homoscene in Istanbul in de jaren '70 van de 20e eeuw (zie blz. 12), in beeld gebracht in zijn vroegere zomerhuis. Bijzonder interessant.

Cevat Şakirgraf [20]

Saldir Şeyh Cad., Gümbet, toegang gratis, museum ma.-vr. 8-12.20 uur

Het graf van de 'visser van Halicarnassus' (Halikarnas Balıkçı), de schrijver Cevat Şakir Kabaağaçlı (zie blz. 12), op een heuvel boven Gümbet is vanaf de Myndospoort in ca. 10 min. te bereiken. U hebt hier een mooi uitzicht over de baai (die voor de aanleg van de hotels van Gümbet beslist nog mooier moet zijn geweest). In een klein museum toont men foto's uit zijn leven. Tegenover het museum staat het ronde, overkoepelde grafmonument van Şeyh Saldır, een lokale heilige.

Overnachten

Centrale ligging – **Alize** 1: Atatürk Cad., Üçkuyular Cad. 5, tel. 0252 316 14 01, www.bodrumalizehotel.com, 2 pk met ontbijt € 35-60. Dit eenvoudige, centraal gelegen hotel staat nabij het ooststrand, dus midden in de drukte, maar zonder dat het al te lawaaiig is. Klein zwembad, vanaf de Atatürk Cad. bij de moskee afslaan. Eigen parkeerterrein.

Met een hamam – **Mars** 2: Turgutreis Cad., İmbat Çıkmazı 29, tel. 0252 316 65 59, www.marsotel.com, 2 pk met ontbijt € 35-60. Dit keurige, gemoedelijke hotel heeft een rustige ligging boven het busstation; het centrum ligt op 10 min. lopen. De eenvoudige maar aangename kamers liggen rond een binnenplaats met een klein zwembad; u vindt er ook een bar en een hamam. Het personeel is altijd vriendelijk.

Kleurrijk – **Su Hotel** 3: Turgutreis Cad. 120 Sokak, tel. 0252 316 69 06, www.suhotelbodrum.com, 2 pk met ontbijt € 50-90, suite vanaf € 100. Het overzichtelijke hotel met panden van twee verdiepingen rond een zwembad staat in een rustig deel van de stad, op 15 min. lopen van het uitgaanscentrum. In het stralend witte complex zijn tal van felgekleurde elementen en interessante details aangebracht. Deze fraaie accenten zorgen voor een modern-mediterrane ambiance.

Wellness – **Delfi Hotel & Spa** 4: Umurca Mah., Atatürk Cad., Dere Sok. 57, tel. 0252 316 40 85, www.delfihotel.com, 2 pk met ontbijt € 45-110. Een mooi en overzichtelijk complex met 70 lichte, aangename kamers; in de stad zelf, maar wel

De witte huizen van Bodrum doen denken aan de eilanden in de Egeïsche Zee

Bodrum

Bezienswaardigheden
- 1 – 15 Petrusburcht
- 16 Mausoleion
- 17 Myndospoort
- 18 Antiek theater
- 19 Zeki Mürenmuseum
- 20 Cevat Şakirgraf

Overnachten
- 1 Alize
- 2 Mars
- 3 Su Hotel
- 4 Delfi Hotel & Spa
- 5 Club Vera TMT
- 6 L'Ambiance

Eten en drinken
- 1 06 Lokanta
- 2 Uğrak
- 3 Kocadon
- 4 Kortan
- 5 Sünger Pizza
- 6 The Difference
- 7 Chez Ahmet

Winkelen
- 1 Bazaarwijk
- 2 Milta Marina Shopping Centre
- 3 Oasis Shopping Centre
- 4 Markthal
- 5 Music Store
- 6 Sur Sandalet

Uitgaan
- 1 Bodrum Mariners Café
- 2 Küba Bar
- 3 Sensi Bar
- 4 Hadigari
- 5 Halikarnas The Club
- 6 Marine Club Catamaran

Sport en activiteiten
- 1 Stadsstrand
- 2 Motif Diving

afgescherd door een groot aantal bomen. Zo bent u snel te voet in het gezellige uitgaansleven, maar een vreedzame nachtrust gegarandeerd dankzij de ligging in een woonwijk. Het hotel biedt een kuurcentrum met diverse massage- en badfaciliteiten.

All-inluxe – Club Vera TMT 5: Atatürk Cad. 134, tel. 0252 316 30 61, veraclubtmt.com, alleen all-in te boeken. Dit sympathieke complex ligt midden in een mooie tuin met groots opgezet zwembad, kinderclub, openluchtdisco en talloze sportfaciliteiten (waaronder waterskiën en een klein aquapark). Maar het mooiste is dat u hier kunt genieten van een zeer lange zonsondergang en nog op het strand kunt liggen wanneer anderen allang onder de douche staan.

Eten en drinken

Tip vooraf: aan te bevelen is ook een avonduitstapje naar de strandrestaurants in **Bitez** (zie blz. 90) of naar de visrestaurants in **Gümüşlük / Myndos** (zie blz. 94).

Traditionele keuken – 06 Lokanta 1: Cumhuriyet Cad. 115, tel. 0252 316 83 83. In dit restaurant biedt men een echte Turkse keuken in de oude traditie, met veel lekkere stoofgerechten in warmhoudvitrines. Alle voorgerechten € 3, alle hoofdgerechten € 4, maar in 'traditionele porties': rijst en salade moet u bijbestellen.

In het kroegenstraatje – Uğrak 2: Meyhanler Sokak, zijstraat van de Kale Cad., tel. 0252 316 03 30. In de enigszins verscholen liggende bazaar komt u het ene na het andere restaurant tegen. U zit hier op straat op smalle banken aan lange tafels: alles heel sfeervol, vooral 's avonds, als de *saz*-muzikanten erbijkomen. De keuken berust, net als bij alle andere restaurants in de bazaar, op de grill – en dat levert goede gerechten op. Voorgerecht vanaf € 2,50, hoofdgerecht vanaf € 5.

Droom van het zuiden – Kocadon 3: Neyzen Tevfik Cad. 160, dag. vanaf 19 uur, tel. 0252 316 37 05, www.kocadon.com. Van buiten valt het restaurant niet erg

in het oog, maar het historische pand nabij de jachthaven is beslist een bijzonder juweeltje. In het wit geklede obers omringen nauwelijks merkbaar de gasten, maar zijn steeds present in dit kleine tuinparadijs met een Griekse *chochlaki*-bodem (van kiezelstenen) en gigantische amforen aan de voet van de bananenbomen. Inktvissalade ca. € 12, visplateau € 21, pepersteak € 18.

Met zicht op het kasteel – Kortan 4: Cumhuriyet Cad. 32, tel. 0252 316 13 00, www.kortanrestaurant.com. Ongeveer in dezelfde tijd dat het kasteel werd gebouwd, ontstond ook dit pakhuis, waarin tegenwoordig het Kortan, het beroemdste restaurant van Bodrum en vroeger de stamkroeg van Zeki Müren (zie blz. 76), zijn antiek toont. De gasten eten echter het liefst op het terras pal aan het water met een fantastisch uitzicht op het kasteel. De keuken is internationaal, met het accent op vis en schelp- en schaaldieren. Visgerecht tussen € 15 en 40.

Pizza en wat niet al meer – Sünger Pizza 5: Neyzen Tevfik Cad. 218, nabij de jachthaven, tel. 0252 316 08 54. In de schandalig dure wijk bij de jachthaven is gelukkig dit goedkope, ook bij pleziervaarders geliefde restaurant te vinden. Het beschikt over een mooi dakterras (de beste plek met een geweldig uitzicht) en dankt zijn naam aan de sponzen waarnaar de voorouders van de chef-kok vroeger doken. De pizza (vanaf € 5) geldt als de beste van Bodrum; verder serveert men frisse salades (ca. € 4) en kebabs (ca. € 7).

Klein-Holland – The Difference 6: Atatürk Cad, 2424 Sokak, tel. 0252 316 03 96. In een tuin op enige afstand van de 'Long Street' (voorbij de school afslaan) is het 'Hollands alternatief in Bodrum' te vinden. In dit restaurant van de Nederlander Pier ziet u een staaltje van Friese verbondenheid met het vaderland. Men kookt hier geheel en al volgens de Hollandse traditie. Vooral de nagerechten genieten faam. Voorgerecht € 3-6, hoofdgerecht vanaf € 8.

9 In het spoor van de kruisridders – het kasteel van Bodrum

Kaart: ▶ D 9, Stadsplattegrond: blz. 78, Oriëntatiekaartje: blz. 82
Vervoer: Bezichtiging van het kasteel te voet, Duur: ca. 4 uur

Met zware grijze muren staat het kasteel van Bodrum bijna onheilspellend boven de brede baai, een symbool van het Europese ridderschap onder de zon van de Oriënt. Ook wie uiterst kritisch tegenover musea staat, mag dit toch eigenlijk niet missen, want hier zijn tegenwoordig de beste tentoonstellingen van heel West-Turkije te zien. Het is zelfs de moeite waard hiervoor een excursie vanuit Datça of Marmaris te ondernemen – maar niet op maandag, want dan is het kasteel meestal gesloten.

Poort en wapen

Van de **hoofdingang** 1 aan de havenkade voert een hellingbaan met vlakke treden omhoog (de ridders reden hier doorgaans te paard omhoog). Deze vormt de opmaat voor een uitgekiende toegangsconstructie met grachten, bruggen en doorgangen met haakse wendingen. De **eerste poort** 2 draagt de *tuğra* (zegel) van Osman II Mahmut (reg. 1808-1839), die het kasteel liet renoveren. De volgende **poort** 3 is getooid met het wapen van de grootmeester Jacques de Milly (1454-1461), en verder het kruis van de orde en de leeuw van Aquitanië. Ook elders in het kasteel wemelt het van de ridderwapens, in vrijwel elke muur: 249 stuks zijn er geteld.

Museum van de Onderwaterarcheologie

In de eerste kasteelhof ziet u de expositie over onderwaterarcheologie. Links onder het afdak staan antieke **amforen** 4 opgesteld, die vooral zijn ontdekt door sponsduikers. Hiertegenover worden in de voormalige **burchtkapel** 5 werktuigen en andere kleine vondsten getoond, maar ook een publiek toegankelijke replica van een transportschip uit de Romeinse tijd op ware grootte – voor kinderen een sensatie.

9 Het kasteel van Bodrum

In de daaropvolgende **Glasswreck Hall** 6 toont men de resten en de lading van een scheepswrak bij Serçe Liman (schiereiland Bozburun), dat omstreeks 1025 n.Chr. een grote hoeveelheid glas uit Syrië naar de Byzantijnse Donauregio moest vervoeren. Het islamitische aardewerk dat aan boord van de slechts 16 m lange rivierboot is gevonden, bood belangrijke aanwijzingen voor dateringsproblemen bij de cultuur van de Fatimiden in de Levant.

Uiterst interessante vondsten ziet u verder in de **Glass Hall** 7 in de vroegere ridderzaal van het kasteel: glazen bollen uit de 14e eeuw v.Chr. (de periode waarin Heracles leefde), glas uit de vroegislamitische tijd en Romeinse waar. Een maquette van de opgraving onder water van Yassı Ada geeft een beeld van de logistieke kwesties die bij een dergelijke onderneming komen kijken. Dit mag nooit zomaar 'duiken naar schatten' zijn, maar moet steeds een zuiver wetenschappelijke documentatie voor de vondsten bieden.

In de **Coin Hall** 8 ziet u munten uit Carië, onder meer uit de tijd van Mausolus, die in chronologische volgorde tot aan het heden worden gepresenteerd. Gouden sieraden van filigraanwerk op gewaden in de stijl van de hellenistische tijd geven een idee van de artistieke vaardigheid in die tijd.

In de **Uluburun Hall** 9 bij de oostmuur zijn de vondsten uit het wrak van de Uluburun te zien, dat vanaf 1984 werd geborgen door een Turks-Amerikaans duikersteam dat was opgericht door George Bass, de vader van de onderwaterarcheologie. Met modern dendrochronologisch onderzoek kon men de teloorgang dateren op kort voor 1300 v.Chr. De vracht bestond uit 1800 losse stukken, waaronder 10 ton aan koperstaven in dierenvachtvorm uit Cyprus, Myceense bronzen zwaarden van de Peloponnesos, een scarabee van koningin Nefertiti uit Egypte, ivoor uit Afrika en amber uit het Oostzeegebied. Hieruit bleek dat de handelsbetrekkingen in die tijd zich onverwacht ver uitstrekten.

Muren en torens

In de bovenhof van het kasteel ziet u links de **Yılanlı Kule** 10 (Slangentoren) met een expositie over de geneeskunde in de oudheid en in het bijzonder bij de johannieters.

De **Duitse Toren** 11 hiernaast werd in 1437-1440 gebouwd en daarna onderhouden door de ridders van de Duitse Orde. Dit was een van de vroegste torens en was waarschijnlijk het centrale bastion van de eerste burcht, die later werd uitgebreid met andere versterkingen. Als u hier via de trap aan de zijkant omhooggaat, ziet u in de muren aan de kant van de stad nog de groenige stenen van het antieke mausoleum (zie blz. 83) dat de ridders aan het eind van de 15e eeuw vrijwel volledig afbraken voor de uitbreiding van hun kasteel.

Verder naar het oosten komt u bij de huiveringwekkende resten van een **massagraf van galeislaven** 12 van de Duitse Orde. Achter de Duitse Toren zijn de **kerkers** 13 voor publiek toegankelijk. In de zuidoosthoek van de burcht staat de **Engelse Toren** 14, waar een banketzaal is ingericht met wapenrustingen en wapens. Hier vieren Turkse politici graag hun verjaardag.

Het graf van de Carische prinses

De bovenvesting rust waarschijnlijk op de fundamenten van de antieke paleisvesting van Mausolus – de oorspronkelijke vorm van het kasteel is zo goed als onbekend. Hierna komt u bij het hoogtepunt van de rondgang: de **speciale expositie rond het graf van de Carische prinses** 15 in de donjon van het kasteel. In een zaal in Dorische stijl toont men de vondsten uit een kort na 1990 ontdekt graf, waarin een vrouw van

Bodrum en omgeving

aanzien uit de 4e eeuw v.Chr. was begraven, de eeuw van Mausolus en Alexander de Grote. De gelaatstrekken van de dode zijn door Britse forensisch pathologen-anatomen met moderne middelen gereconstrueerd. Het getoonde model kan dus tamelijk waarheidsgetrouw zijn. Imposant zijn ook de gouden sieraden van filigraanwerk van de ongeveer 50-jarige vrouw.

Openingstijden

Kasteel van Bodrum: aan de haven, di.-zo. 9-16.30 uur, ma. gesl., toegang TL 10, trek er minstens 3 uur voor uit.
Glaswreck: di.-vr. 10-12 en 14-16.30 uur, extra toegang TL 5, max. 10 personen.
Carische prinses: di.-vr. 10-12 en 14-16.30 uur, extra entree TL 5, max. 8 personen.
Inlichtingen: www.bodrum-museum.com.

Eten en drinken in het kasteel

Bij de Duitse Toren biedt een **cafetaria** snacks en drankjes in een mooie tuin.

Eten en drinken aan de haven

Chez Ahmet 7: Kale Cad., Iskele Mevkii, tel. 252 313 0285. Dit restaurant ligt aan de havenkade voorbij de ingang van het kasteel. Met het zicht op de bootjes krijgt u hier Turkse hapjes, maar ook crêpes. De eigenaar Ahmet heeft namelijk lang in Bretagne gewerkt.

Uitgaan

Hadigari 4: Dr. Alim Bey Cad. 34, www.hadigari.com.tr, 19-22 uur happy hour, toegang naargelang het optreden. Trendy muziekbar met concerten, showoptredens, gogogirls en dj's.

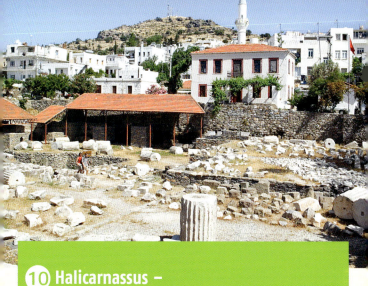

⑩ Halicarnassus – het Mausoleion en de Myndospoort

Kaart: ▶ D 9, Stadsplattegrond: blz. 78
Vervoer: Wandeling, Duur: ca. 3 uur met bezichtiging

Van het oude Halicarnassus, dat korte tijd de hoofdstad van het westelijke deel van Klein-Azië was, is in het centrum niets meer te zien. Maar aan de rand van de stad kunt u wandelend een beeld krijgen van enkele belangrijke bouwwerken.

Boven het westelijke havenbassin van Bodrum, tegenwoordig een jachthaven, verhief zich in de oudheid een monumentale graftempel. Dit graf was de laatste rustplaats van de vorst Mausolus (reg. 377-353 v.Chr.), die als Perzisch satraap heerste over het hele zuidwesten van Klein-Azië, met Carië, Lycië en Rhodos. Dit **Mausoleion** 16, oorspronkelijk 46 m hoog, gold in de oudheid als een van de zeven wereldwonderen.

Het wereldwonder

Op een zware onderbouw van ca. 24 m hoog verhief zich een rechthoekige tempel omringd door een zuilengang en bekroond door een piramidevormig dak. De artistieke vormgeving was geweldig: beelden van helden en leeuwen, en op de punt van het dak een quadriga, een met vier paarden bespannen strijdwagen met de beelden van Mausolus en zijn vrouw Artemisia. De koningin, die tevens zijn zus was, liet na zijn dood het bouwwerk voltooien, waaraan men al met al ruim twintig jaar heeft gewerkt.

Rond de tempel beeldde een fries de Slag van de Amazonen uit, waarin de Ioniër Theseus met de Doriër Heracles streed tegen de Amazonen, de vrouwelijke krijgers die volgens de Grieken de oude bewoners van Klein-Azië waren – waarschijnlijk waren dit de langharige krijgers van de Hettieten. Dit reliëf bevestigde de aanspraken van Mausolus als heerser over de door Ioniërs bewoonde gebieden ten noorden van Carië (tussen Milete en Smyrna / İzmir) en het door Doriërs bewoonde zuiden van Klein-Azië, alsmede het eiland Rhodos.

Bodrum en omgeving

Bouwmateriaal voor het kasteel

Behalve de resten van de ondergrondse grafkamer is er niet veel meer te zien: in de 12e eeuw stortte de tempel in door een aardbeving, daarna gebruikten de kruisridders aan het eind van de 15e eeuw de enorme steenmassa van de onderbouw voor de uitbreiding van hun kasteel. U kunt hier nu alleen nog over de 38 x 32 m metende fundamentplaat lopen en over een brede trap afdalen naar de grafkamer. De grootmeester van de kruisridders beschreef deze in 1496 als een ruimte die geheel met wit marmer was bekleed; het echtpaar wilde hier in twee sarcofagen tot in eeuwigheid rusten.

In een bijgebouw heeft men een uitstalling gemaakt van talloze reconstructies volgens de beschrijving van Plinius. Pas in de jaren '70 van de 20e eeuw heeft men dankzij de opgravingen een waarheidsgetrouwe maquette kunnen vervaardigen. Ook zijn hier afgietsels van het fries met de Slag van de Amazonen te zien. Verder is er een maquette van de antieke stad in de tijd van Mausolus: de stad was toen zelfs nog groter dan de huidige stad.

Poort naar het westen

Via de Turgutreis Caddesi bereikt u vervolgens de gerestaureerde **Myndospoort** 17. De poort is vrijwel het enige wat resteert van de antieke stadsmuur van Halicarnassus. Hij werd aangelegd met de kenmerkende terugspringende vorm van de hellenistische tijd. Tijdens de veldtocht van Alexander verwoestte hij met zijn Macedonische belegeringsmachines de muur aan de noordoostkant, maar liet deze westpoort intact. Na de inname van de stad, die als steunpunt van de Perzische vloot van groot strategisch belang was, gaf Alexander opdracht de stad te verwoesten en de inwoners te verdrijven.

Buiten de poort zijn ook delen van de antieke **necropolis** blootgelegd, met diverse grafkamers en hier en daar fraaie mozaïekvloeren. In de graven heeft men de skeletten van 27 mensen en drie honden uit de hellenistische en de Romeinse tijd aangetroffen.

Uitzicht op het kasteel

Als u over de ringweg naar het oosten gaat, komt u bij het antieke **theater** 18, dat onlangs is gerestaureerd; hier worden nu geregeld concerten georganiseerd. Door de vroege verwoesting van de stad is er nooit sprake geweest van een verbouwing van het theater tot een Romeinse schouwburg. U hebt hier nu overigens net als vroeger een prachtig uitzicht over de stad en het grijze kasteel, vooral in de late namiddag met de ondergaande zon in de rug.

● ●

Bezienswaardig

Mausoleion: Turgut Reis Cad., dag. 8.30-16.30 uur, toegang TL 8.
Myndospoort: tussen Caferpaşa en Büyük İskender Cad., gratis toegang.
Antiek theater: Kıbrıs Şehitler Bulv. (rondweg), dag. 8.30-16.30 uur, gratis toegang.

Overnachten

L'Ambiance Hotel 6 : Myndos Gate, Büyük İskender Sok., tel. 0252 319 53 53, www.lambianceresort.com. Dit mooie hotel heeft een rustige ligging bij de Myndospoort en is goed met de auto te bereiken. In het restaurant kunnen ook niet-hotelgasten terecht.

Eten en drinken

Vanaf het theater kunt u langs de nog niet opgegraven Marstempel verdergaan naar het **busstation**. Daar vindt u vele eenvoudige, goedkope restaurants met lekkere kebabgerechten.

Bodrum

Winkelen

In de **bazaarwijk** 1 tussen het kasteel en de haven en in de 'Long Street' langs het ooststrand verkoopt men lederwaren, natuursponzen, tapijten, souvenirs en zowel echte als nagemaakte kleding van bekende merken. Echte jachtzeilkleding vindt u ook in het winkelcentrum van de **Milta Marina** 2 aan de westbaai. Nog een ander modern winkelcentrum is **Oasis** 3 voorbij de Gümbet-afslag van de rondweg, met bioscopen en een bowlingcenter.

De **weekmarkt** met levensmiddelen wordt do. en vr. gehouden in de **markthal** 4 bij het busstation; elke di. houdt men hier een textielmarkt. Voor een authentieke markt kunt u elke wo. in het nabije Ortakent (zie blz. 94) terecht.

Turkse popmuziek – Music Store 5: Cumhuriyet Cad. 56. Zeer goed gesorteerde muziekwinkel, met zowel actuele westerse titels als Turkse muziek. U krijgt er uitstekend advies (in het Engels) en kunt er ook muziek beluisteren. De prijzen zijn echt laag.

Sandalen – Sur Sandalet 6: Cumhuriyet Cad. 66. Leren sandalen van elegante Italiaanse snit, handgemaakt zoals vanouds. U kunt ze ook op maat laten vervaardigen, maar dat kost wel tijd.

Uitgaan

Bij de vissers – Bodrum Mariners Café 1: aan het havenplein, vanaf 9 uur tot middernacht. Voor een rustig, maar toch centraal gelegen plekje, waar u ook nog kunt rondkijken, bent u hier aan het juiste adres. De Zeevaardersbond van Bodrum runt hier vlak bij de burcht een openluchtcafé, en dat zelfs zonder luide muziek. U zit hier te midden van de Turkse vakantiegangers.

Design – Küba Bar 2: Neyzen Tevfik Cad. 62, tel. 0252 313 44 50, www.kubabar.com, half mei-eind okt., vanaf 19 uur. Zwart-wit designcafé-bar met een latin sfeer in een voormalig kapiteinshuis.

Karaoke – Sensi Bar 3: Cumhuriyet Cad. 149, tel. 0252 316 68 45, half mei-half okt., vanaf 12 uur. Mediterrane bar aan het eind van de 'Long Street' in de strandzone. Later op de avond kunt u zich aan de karaoke wagen, met daarbij veelbelovende cocktails als Red Bull met wodka of de onheilspellende 'Gold Fish Bowle'.

Aan de voet van het kasteel – Hadigari 4: zie blz. 82

Feestje met een show – Halikarnas The Club 5: aan het eind van de oostbaai boven de zee, www.halikarnas.com.tr, vanaf 21 uur, eind mei-eind sept. De beroemdste disco van Bodrum met spectaculaire laserbelichting en dans- en acrobatiekshows. Zoals de slogan belooft: 'Bodrum's hot at Halikarnas…' Behalve de speciale optredens organiseert men hier geregeld 'Theme nights', zoals vr. en za. Foam Party, zo. Ladies Night; toegang € 15, bier € 3,50, cocktails € 12; ma., di. en do. gratis drankjes tussen 22 en 1 uur.

Feestje op de boot – Marine Club Catamaran 6: Kebab Place (Dr. Alim Bey Cad., 1025 Sok. 44), www.clubbodrum.com, vanaf 22 uur, half mei-eind sept. Kebab Place is de bijnaam voor het plein aan de 'Long Street' vanwege de talloze eettentjes. Aan de kant van de zee vindt u de ingang van de spectaculairste club van Bodrum: tegen de achtergrond van het kasteel heeft men hier een openluchtdisco voor 5000 gasten, met daar bij de grootste 'zwemdisco' ter wereld. Tegen 24 uur vertrekt de boot met plaats voor 2500 dansers en vaart de zee op. Toegang € 15, bier € 3,50, cocktails € 12. Elke 15 min. vaart er een pendelbootje naar de club aan land. Bovendien houdt men ook overdag partyboottochten.

Sport en activiteiten

Strand – Stadsstrand 1: Langs de 'Long Street' langs de kust moet het vroeger erg mooi zijn geweest, maar nu hebben bars hier de overhand. De

85

Bodrum en omgeving

stranden die verder van het centrum liggen, dus vanaf Hotel Vera Club TMT naar het oosten en aan de Bardakçı-baai in het westen, zijn feitelijk door de hotels in beslag genomen. Het volgende strand vindt u daarom pas in Gümbet (zie blz. 87); of u rijdt door naar Kara-Ada (zie blz. 87). Het beste strand van deze streek, Camel Beach bij Kargı, ligt verderop ten westen van Bodrum (zie blz. 94). Bij het hotelcomplex Bitez (zie blz. 90) ligt ook een mooie baai.

Duiken – Bijna alle grote hotels hebben een eigen duikschool. Daarnaast zijn er gespecialiseerde duikcentra, zoals:
Motif Diving 2: Eski Hükümet Sokak 112/C (achter Küba Bar, zijstraat van de Neyzen Teyfik Cad.), tel./fax 0252 316 62 52, mobiel 0532 414 86 91, www.motifdiving.com. Alle PADI-cursussen, internationale duikinstructeurs.

Bootverhuur – Aanbieders van **'zeilvakanties'** vindt u volop langs de jachthaven in de Neyzen Tefvik Cad. (zie kader).

Informatie

Informatiekiosk: Barış Meydanı, vlak voor het kasteel, tel. 0252 316 10 91.
Internet: www.bodrumpages.com
Bus: van het centrale busstation rijdt ca. elk uur een intercitybus naar Milas en andere steden van de westkust. De kleinere plaatsen in de omgeving bereikt u per minibus: Gümbet elke 15 min., Turgutreis elke 20-30 min. De minibussen rijden tot in de nacht.
Boot: de snelle draagvleugelboten vertrekken nu van de nieuwe Bodrum Cruise Port (zie hierna) aan de kust in het oosten; de kleine veerboten naar **Datça** vertrekken verderop vanaf de oude haven bij het kasteel. Veerboot naar Körmen İskelesi, vandaar per bus, één kaartje, dag. 9 uur, terug 17 uur). Deze veerboot biedt ook plaats aan ca. tien auto's; enkele reis per persoon € 12, auto € 30. Kantoor aan de haven, tel. 0252 316 08 82 of www.bodrumferryboat.com.
Draagvleugelboot: deze snelle boten

Een zeilvakantie

Wie droomt daar niet van? Met een stevige bries in de zeilen over zee varen, in een stille baai voor anker gaan, water zo helder als kristal, de eigenhandig gevangen vis boven een vuurtje op het strand grillen en dan onder een sterrenhemel in slaap vallen… In Turkije is dat gemakkelijk voor elkaar te krijgen: hier noemt men dat *mavi yolculuk,* ofwel een 'blauwe reis'.

De Turkse kust tussen Bodrum en Antalya biedt ligplaatsen in moderne jachthavens voor meer dan tienduizend plezievaartuigen, en een zeilvakantie is inmiddels all-in te boeken. Als u niet het geluk (of het geld) hebt om met een eigen jacht te kunnen varen, gaat u gewoon mee met een Turkse *gulet*. Deze tweemasters zijn de traditionele vrachtschepen van de kustscheepvaart. Ze worden in Marmaris of Bodrum volgens oude ambachtelijke technieken van hout gemaakt, ze zijn ongeveer 12 m lang en bieden met twee- en vierpersoonscabines plaats aan acht tot twaalf personen. Verder beschikken ze over douche, keuken en een breed dek waar u kunt zonnebaden. De boten hebben weliswaar masten, zeilen en touwwerk, maar ze zijn niet handig om mee te zeilen omdat een kiel ontbreekt. In de praktijk vaart u dus op de motor en niet op de wind.
De boottochten leiden van Bodrum naar de Golf van Gökova of ook naar de Griekse eilanden, van Marmaris naar het schiereiland Bozburun of Fethiye. Aanbieders zijn onder meer Adam Voyages (www.adamvoyages.nl), Zonnig zeilen (www.zonnigzeilen.n) en Pupa Yachting (www.pupa.com.tr).

Gümbet

Een zeilvakantie biedt volop gelegenheid voor een verfrissende duik

vervoeren geen auto's en zijn duurder; vertrek vanaf **Bodrum Cruise Port** (www.bodrumcruiseport.com) aan de kust in het oosten. In het hoogseizoen naar Datça, Kos (20 min., € 30), Marmaris (via Gelibolu, ca. 110 min., € 60), Cleopatra Island, 75 min., € 40), tel. 0252 316 10 87, www.bodrumexpresslines.com. Naar **Didim** kunt u in het hoogseizoen ook vanaf Turgutreis of Yalıkavak varen.

In de buurt

Kos: dit Griekse eiland is met de draagvleugelboot in slechts 20 min. te bereiken ⑪ blz. 88.

Kara-Ada (Black Island) (▶ C 9): op het voor de kust gelegen 'Zwarte eiland' heeft de gemeente Bodrum een accommodatie aangelegd die behalve een kiezelstrand ook de mogelijkheid voor 'cliff jumping' en een strandbar biedt. Er ligt een grot met zwarte modder die huidziekten zou genezen – en voor schoonheid kan zorgen. Daarom smeren alle bezoekers van de grot zich hier flink in en spoelen daarna de modder weer af in het water van de warmwaterbron. Dagtochten vanaf de haven van Bodrum, tegenover de Belediye.

Gümbet ▶ C 9

Stelt u zich iets voor als de Costa in Turkije: zo is Gümbet ongeveer. Nog geen dertig jaar geleden ging men te voet van Bodrum hierheen om van het stille strand te genieten. Tegenwoordig staat hier een kleine stad en is het in Gümbet elke nacht feest tot de nieuwe dag aanbreekt. De ontwikkeling is vooral in

11 Een kort boottochtje – naar het Griekse eiland Kos

Kaart: ▶ C 9
Vervoer: Boot, Duur: 1 dag

Het Griekse eiland Kos ligt op een afstand van slechts 10 zeemijl van Bodrum. De draagvleugelboot heeft niet meer dan 20 min. nodig om die afstand af te leggen. Dit uitstapje is dan ook een van de populairste dagtochten bij de toeristen in de regio van Bodrum.

Omstreeks 460 v.Chr. werd op Kos de beroemde arts Hippocrates geboren. De artsen van nu leggen nog steeds de eed van Hippocrates af. Een tempel voor de god van de geneeskunde Asclepius groeide hier in de tijd van de Romeinen uit tot het gerenommeerdste kuuroord van de oudheid. Rijke Romeinen lieten zich hier behandelen met slaapkuren, waterbaden en kruidendranken.

In de middeleeuwen maakte Kos deel uit van het rijk van de johannieters, die de haven versterkten met een burcht. In de tijd van het Ottomaanse Rijk vestigden zich hier Turken. Toen werden er ook tal van moskeeën gebouwd. In 1933 werd het oude stadsdeel verwoest door een aardbeving. Italiaanse archeologen legden daarna grote delen van het antieke Kos bloot, die nu in een soort architectuurpark zijn te bezichtigen.

Van de haven naar de stad

De draagvleugelboten en gewone veerboten leggen aan bij de **Johannieterburcht** 1. Daarachter ziet u het Paleis van Justitie van de Italianen in oriëntaliserende stijl, en het plein met de **Hippocratesplatanen** 2: bij deze oeroude platanen voor de burcht zou de beroemde arts les hebben gegeven. Waarschijnlijk is dat slechts een legende, want in zijn tijd lag de stad Kos nog op de westelijke helft van het eiland.

Een paar meter verderop ligt de kade van de Mandraki-haven, waar u links in een lange boog het ene na het andere restaurant ziet, en rechts de excursieboten. Daarachter liggen de straatjes met

11 Naar het Griekse eiland Kos

talloze mooie winkels, al zijn de meeste slechts geopend tot 13 uur.

Hoogtepunten uit de oudheid

In de tijd van de Romeinen was de stad een grote metropool. Het middelpunt was de **agora** 3, omringd door tempels en een 150 m lange zuilengalerij met winkels en wijnbars. Bij de **westelijke opgravingen** 4 zijn ook tal van antieke bouwwerken te zien aan een van de vroegere grote straten. U kunt een plattegrond halen bij het toeristenbureau.

Bijzonder interessant is het **Archeologisch museum** 5, met prachtige beelden en mozaïeken, en ook de **Casa Romana** 6, een gereconstrueerde villa van een welgestelde burger uit de Romeinse tijd met de oorspronkelijke muurschilderingen. Verder kunt u met een tractorbus vanaf Mandraki naar het interessante heiligdom **Asklepieion** 7 rijden (vertrek elk uur, 5 km). De god van de geneeskunde werd vereerd op diverse tempelterrassen, waar de zieken genezing konden vinden.

Informatie

Boot: in het hoogseizoen dag. draagvleugelboot van Bodrum-haven en van Turgutreis, heen 9.30, terug 16.30 uur, € 36. Elke dag vaart een kleine autoveerboot van Bodrum, heen 9, terug 16.30 uur, vaartijd 60 min., € 23.
Museum 5, **Casa Romana** 6: hoogseizoen di.-zo. 8-19.30, anders 8-15 uur.
Asklepieion 7: hoogseizoen 8.30-20, ma. 13.30-20, anders tot 15 uur.

Eten en drinken

Bij de haven hebt u een mooi uitzicht, maar zijn de restaurants relatief duur.

Eenvoudige snackbars vindt u volop in de hoofdstraat Megalou Alexandrou.
Caffe Ciao 1: 12 Odos Ifestou. Modern koffiehuis in Italiaanse stijl met een groot assortiment aan gebak.
Olimpiada 2: 2 Odos Kleopatras. Eenvoudig restaurant met goedkope, maar authentieke Griekse gerechten. U kunt uw keus maken bij een warmhoudvitrine.
Taverna Petrino 3: Platia Ioannou Theologou. Een sfeervol pand uit de 17e eeuw met intieme tuin. De keuken biedt het hele palet aan Griekse klassiekers op een hoog niveau.

Bodrum en omgeving

gang gezet door toeristen van de Britse eilanden, die hier met het vliegtuig heen komen voor een week van continu feesten en uitgaan.

Overnachten

Strandhotels – **Sami Beach & Sami Plaza:** pal aan het grote strand, tel. 0252 319 36 00 (Beach), tel. 0252 319 49 01 (Plaza), www.samihotels.com, 2 pk met ontbijt € 40-95, ook appartementen. Sami Beach was het eerste grote hotel in Gümbet. Het werd gebouwd waar het strand op z'n mooist was… Nu is het er druk, maar het is zeer verzorgd. Het biedt uitstekende watersportfaciliteiten, een grote palmentuin, veel party's en veel contacten, bijvoorbeeld bij de bingoavonden. Sami Plaza ernaast is nieuwer en heeft een groter zwembad. Beide hebben kamers in karakteristieke mediterrane stijl met veel hout.

Eten en drinken

Niet te missen – **Windmill:** Ayaz Cad., hoek Gara Hasan Cad., tel. 0252 316 48 66. De windmolen op het hoogste punt van de Gümbet-heuvel is – vooral als deze in het donker verlicht is – van alle kanten te zien en daarom een goed trefpunt. De keuken biedt veel keus, maar heeft een licht Brits accent. Een aanrader is de *Amphora Kebap* van vlees en groente die in een pan van aardewerk zijn gestoofd (€ 11).

TexMex – **Amigos:** Osman Nuribegin Cad. 95, tel. 0252 313 86 65, aan de kustweg in de richting van Bodrum. Een goed Mexicaans restaurant in de *ranchero*-stijl. Mooie entourage, en de nacho's, tortilla's en enchilada's zijn heerlijk. Enchilada's ca. € 12.

Uitgaan

Party nonstop – Vanaf de windmolen op de hoogste top loopt de '**Bar Street**' (eigenlijk Ayaz Cad.) langs de heuvel omlaag: hier vindt u de de topclubs van Gümbet bij elkaar. Tot 100 m verderop klinkt de muziek voor de dansers. Populaire clubs zijn **Shakers** met showdanseressen in hangende kooien en **XBar** met een groot balkon aan de straatkant, zodat men ook van daar gezien kan worden.

Men speelt alle mogelijke discohits vanaf 'Ma' Baker', en roodverbrande meiden in minirok dansen erop. De meeste bars beloven '*No Hassle*', geen afzetterij, en bieden '1 wodka shot free' aan: dat houdt in dat u bij de ingang een borrelglaasje wodka achterover moet slaan. Aangezien dit zo ongeveer overal gebruikelijk is, moet u misschien niet al te vaak van locatie wisselen…

Sport en activiteiten

Strand – **Gümbet Beach:** het grote strand dat voor Bodrum ligt. De zee wordt heel geleidelijk dieper, er zijn nauwelijks golven, en op het strand staan veel ligstoelen. Als het hier te druk is, kunt u met een excursieboot naar een van de eilanden voor de kust varen (bijvoorbeeld naar Kara-Ada, zie blz. 87).

Watersport – **Z Bar 13:** aan het strand tegenover het Serhan Hotel. Dit is het middelpunt van de watersport, hier zijn de 'interessantste' jongeren te zien. Surfboards, jetski's, parasailing.

Informatie

Bus: ongeveer elke 15 min. rijdt een minibus naar Bodrum; in de Ayaz Cad. kunt u de bus overal aanhouden door uw hand op te steken.

Bitez ▶ C 9

Bitez is duidelijk in tweeën gedeeld: het oude dorp ligt hoog op de heuvelhelling van het schiereiland Bodrum, en de nieuwe badplaats ligt laag bij de zee. Deze laatste was tot voor een paar jaar alleen bekend bij vakantiegangers in Bodrum zelf, die hier met een boot

Bitez

naar het strand kwamen. Tegenwoordig staan hier tal van grote en kleine hotels, zoals het grote complex Makumba aan de oostzijde en Bitez Han aan de westzijde van het strand. Nog altijd heerst hier een rustige en gemoedelijke sfeer: voor kinderen is het vlakke strand met het bijna rimpelloze water ideaal.

Overnachten

Middenklasse aan het strand – Yalı Han: Şah Cad. 14, tel. 0252 363 77 72, www.yalihanotel.com, 2 pk met ontbijt € 70-90, kind + € 10. Dit gemoedelijke middenklassehotel is wat ouderwets, maar staat pal aan het strand – prima voor kinderen. Met zwembad en restaurant onder de palmen. De 16 kamers zijn licht en in mediterrane stijl ingericht, met veel hout, maar er zijn ook modern gerenoveerde (en duurdere) suites.
In een olijfgaard – Bodrum Garden Cottage: ten noorden van Bergamut Caddesi, met borden aangegeven, mobiel 0533 324 94 84, www.bodrumgardencottage.com. Deze verbouwde boerderij ligt sfeervol in een olijfgaard, op 5 min. lopen van het strand (€ 50-90 per dag). De woning biedt een kingsize bed en twee geïmproviseerde slaapplaatsen. Mooi ingericht, zelfs met muskietennet en wasmachine. In de tuin vindt u hangmatten in de schaduw van bomen.

Eten en drinken

Tafels op het strand – Sultan: Bitez Plajı, Yalı Boyu, 30 m ten oosten van de moskee, tel. 0252 363 78 24. Dit restaurant (sinds 1985) staat pal aan het strand. U kunt hier heerlijk aan een tafeltje op het strand zitten. De keuken biedt het hele spectrum van Engels ontbijt tot Turkse specialiteiten naar internationale maatstaven. Zeebaars *(levrek)* ca. € 10, *köfte* met bijgerechten € 5.
Trendy – The Lemon Tree: Yalı Boyu 28, naast de moskee, tel. 0252 363 95 43. Deze tent is vrijwel continu open, want het is een strandbar annex restaurant (of omgekeerd). Overdag kunt u er ontspannen loungen op trendy stoelen, 's avonds serveert men mediterrane en Turkse gerechten. Steak ongeveer € 13, pizza vanaf € 5.
Voor elk wat wils – New Season: Yalı Boyu, tel. 0252 363 84 77. Hier vindt u bijna alles wat u maar kunt wensen: Turkse kebab, *fajitas*, Chinese kip in zoetzure saus, ontbijt, sport-tv, hoge stoelen voor kleine kinderen, tiramisu, pizza, *mezeler*, knapperig gebraden eend, tex-mexgrillgerechten, vissticks... om nog maar te zwijgen van de strandbar.

Uitgaan

Chillen – Okaliptus: Şah Cad, Sahil Yolu. Het hotel heeft aan de strandpromenade een geweldig restaurant waar u niet alleen uitstekend kunt eten, maar ook heerlijk van de zwoele avond kunt genieten. Zeer in trek is de knuffelbank rondom de grote eucalyptusboom.

Eigenlijk is het toch dwaas om de hele dag op het strand te gaan liggen. Enkele slimmeriken in Turkije hebben daarom een paar van de grootste recreatiebaden ter wereld aangelegd. In het **Dedeman Aquapark** bij Ortakent kunnen de superlatieven dan ook niet op: negentien glijbanen, waterspeeltuin voor kinderen, golfslagbad, drie restaurants en zelfs een dokter die continu stand-by is. Dat is bij glijbanen met namen als Kamikaze Tube, Spiro Tube en Crazy River misschien niet overbodig. De prijs voor een dag is redelijk met ca. € 17, en dan is er ook voor een hele dag wel wat te doen. **Dedeman Aquapark:** richting Turgutreis bij Ortakent, mei-juni, sept. dag. 10.30-17.30 uur, juli-aug. dag. 10.30-18.30, toegang € 17, kinderen tot 6 jaar gratis, 7-12 jaar € 10.

Bodrum en omgeving

Sport en activiteiten

Strand – Het **grote strand** is bijzonder goed verzorgd, met volleybal- en voetbalveldjes in oostelijke richting, en twee surfstations aan de westkant. Als u wat meer rust zoekt, gaat u naar de baaien in het westen voorbij de kaap: eerst komt u bij Mor Plaj, dan bij Sarnıç Plaj: beide niet al te grote stranden liggen aan een kleine rotsbaai met strandbar, zwemvlonders en meestal ook muziek. Deze stranden zijn ook per motor te bereiken over de weg naar Yahşı Beach.

Volop watersport – **Bitez Water-Sports:** parasailen, speedboten, wakeboarden, mobiel 0542 377 22 41, www.bitezbeach.com. Op de website vindt u links naar andere mogelijkheden, zoals duiken, zeilvakantie en surfen.

Informatie

Bus: vanaf het centrale plein bij de moskee rijdt elke 30-60 min. een bus via Gümbet naar Bodrum.

Boot: B.B.C. (Bitez Boat Co-Operative) biedt drie tochten naar baaien bij de eilanden voor de kust, bijvoorbeeld naar het 'Aquarium' met kristalhelder water, naar de 'Meteor Hole' of naar de warmwaterbron op Kara-Ada (vertrek 10.30 tegenover het Mobydick Hotel, terug 18 uur).

In de buurt

Bitez-dorp (▶ C 9): een bezoek aan Bodrum is interessant, maar ook een wandeling omhoog naar het 'moederdorp' Bitez is de moeite waard. Hier bespeurt u de nieuwe rijkdom dankzij het

Een romantisch diner op het strand van Bitez

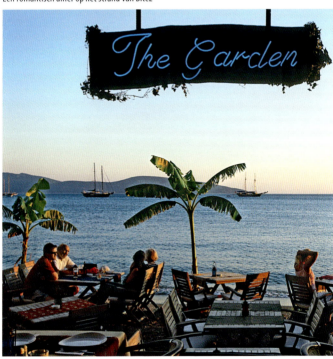

toerisme (met fraai geplaveide straatjes), maar de inwoners hebben hun leefwijze nauwelijks veranderd. De beste tijd is 's ochtends om 9 uur of 's middags na 17 uur, want van 12 tot 16 uur is het siësta en lijkt het plaatsje uitgestorven.

Turgutreis ▶ C 9

Van enige afstand maakt Turgutreis, na Bodrum de grootste stad van het schiereiland Bodrum, al een bijzonder idyllische indruk: het ligt op een door heuvels omringde, Toscaans aandoende vlakte met olijfbomen en cipressen. In de verte lijken de heuvels zich verder uit te strekken, maar dat zijn in werkelijkheid de Griekse eilanden Kos, Pserimos en Kalymnos, die de zee hier de aanblik van een meer geven. Al snel merkt u echter dat ook Turgutreis een enorme groei heeft doorgemaakt dankzij het toerisme en de daarmee verbonden modernisering – vooral sinds de aanleg van de grote nieuwe jachthaven D-Marina.

Ten noorden van Turgutreis lag de antieke stad **Myndos**, waarvan de haven nu wordt omringd door tal van sfeervolle visrestaurants (12 blz. 94).

Overnachten

Wellness als extra – **Mandalinci:** Belediye Cad. 19 / 1, tel. 0252 382 33 66, www.mandalincihotel.com, 2 pk / all-in € 80–120. Dit moderne, comfortable hotel achter het oude stadsdeel (de bazaarwijk van nu) heeft een mooi zwembad met strand- en zeezicht. In 2008 is het verbouwd tot kuurhotel. Goede ligging nabij het centrum.

Eten en drinken

Strandrestaurant – **La Pikant:** Mandalinci Plaj, dag. vanaf 9 uur. Restaurant met grote keus aan kebabs en grillgerechten, met een vriendelijke bediening. Ook *lahmacun* (Turkse pizza). Voorgerecht vanaf € 3, hoofdgerecht vanaf € 5.

Traditioneel – **Tekirdağ:** aan het havenplein bij de excursieboten, dag. vanaf 10 uur. Dit traditionele restaurant staat aan het grote plein aan zee. Ook nu nog zitten de vissers hier 's middags graag te kaarten. Men serveert alles van zeebanket tot spaghetti. Voorgerecht vanaf € 3, hoofdgerecht vanaf € 7.

Trendy – **Etoile de Mer:** D-Marina, tel. 0252 382 92 20. Dit uiterst trendy restaurant bij de nieuwe jachthaven is gespecialiseerd in vis, met een voortreffelijke wijnkaart. In de sfeervol verlichte zuilenhal zit u met uitzicht op pleziervaartuigen. Visplateau ca. € 40, wijn vanaf € 15.

Winkelen

Souvenirs – In het oude stadsdeel achter de moskee vindt u talloze winkels.

Weekmarkt – Elke za. wordt hier een grote markt gehouden.

Uitgaan

Goede cocktails – **Green Bar:** Antieke beelden sieren deze moderne bar in de 'Mini-Bermudadriehoek' van Turgutreis (die ligt aan de kustweg in zuidelijke richting).

Sport en activiteiten

Strand – Het stadsstrand heeft mooi zand, maar het is er vrij druk. Met een scooter of een *dolmuş* bereikt u gemakkelijk het verder zuidwaarts gelegen Fener Beach, dat voor windsurfers een toplocatie biedt: zelden zijn er zulke goede windomstandigheden te vinden als hier (vaak meer dan 5 beaufort).

Surfen – **Fener WindSurf:** ten zuiden van Turgutreis bij Hotel Club Armonia, mobiel 0532 633 70 79, www.fenerwindsurf.com. Materiaalverhuur, cursussen voor kiteboarding; de website bemiddelt voor hotels in de buurt.

Boottochten – Vanaf de havenkade varen boten van een **coöperatie** naar de eilanden voor de kust (Çatal Adası, Kiremit Adası) en naar Gümüşlük.

12 Levendige rondrit – Myndos en het schiereiland Bodrum

Kaart: ▶ C 9, Oriëntatiekaartje: blz. 96
Vervoer: Auto, Duur: 1 dag tot de avond

Het landschap van het schiereiland Bodrum doet denken aan dat van een Grieks eiland: rijen cipressen, hellingen met olijfgaarden, kleine zandbaaien. De mooiste baai is die van Gümüşlük, het Myndos van de oudheid – men vaart er 's avonds ook graag heen om vis te eten.

Enkele kilometers ten westen van de badplaats Gümbet (zie blz. 87) en Bitez (zie blz. 90) komt u bij het landinwaarts gelegen dorp **Ortakent** 1, dat overigens wel een groot recreatiebad (Water Park) bezit en enkele resten van zijn traditionele boerenarchitectuur heeft behouden. Elke woensdag wordt hier tot 16 uur een grote markt gehouden.

Onderweg naar de kust rijdt u langs een riviertje met daaraan boerderijen, olijfgaarden en akkers totdat u **Ortakent Beach** 2 bereikt. Rond de kleine haven aan de riviermonding is een hotelcomplex gebouwd dat zich langs de geplaveide strandpromenade uitstrekt tot het mooiere **Yahşi Beach** 3. Her en der komt u talloze mooie restaurants, bars en watersportfaciliteiten tegen tussen de rijen hotels en appartementencomplexen.

Ook in de omgeving van het Kargı Beach in het westen staan tal van grote villacomplexen verspreid over de heuvelhelling, maar de strook langs het strand zelf is nog onbebouwd. Dit strand wordt ook wel **Camel Beach** 4 genoemd, omdat men hier op een kameel kan rijden. Daarna komt u langs het grote complex Magic Life in Bağla, met het strand met fijn zand van **Karaincir** 5, dat bijna volgebouwd lijkt met strandrestaurants. Maar het is wel een heerlijke plek om een hele dag aan zee door te brengen.

Drukker is het bij **Akyarlar** 6, een kleine vissersbaai met mooie huizen van natuursteen en een klein strand omzoomd met tamarisken. 's Avonds kijkt u

12 Myndos en het schiereiland Bodrum

vanaf de goede visrestaurants uit op de lichtjes van het eiland Kos (zie blz. 88). Her en der wordt flink gebouwd, maar de visrestaurants aan de haven bieden nog steeds voortreffelijke gerechten.

Daarna gaat u langs **Fener Beach** 7 met een uitstekend surfstation verder naar Turgutreis (zie blz. 93). Pas bij **Kadikalesi** 8, dat verder noordwaarts ligt, komt u weer in een landelijkere omgeving. Hier kunt u prima bijkomen in een voudige, maar mooie restaurants bij het strand dat aan de voet van een Griekse kerkruïne ligt.

De haven van **Gümüşlük** 9 geldt als een van de mooiste bestemmingen voor een dagtochtje vanuit Bodrum. Waar 2400 jaar geleden de schepen van de antieke stad **Myndos** aanlegden, dobberen nu plezierjachten en vissersbootjes. Rond de haven liggen tal van visrestaurants; 's avonds stroomt hier de rakı volop – een plek van gezelligheid om niet gauw te vergeten. Als u behoefte aan wat beweging hebt, kunt u door het kniehoge water naar het kleine 'Hazeneiland' waden. Gelukkig mochten hier geen hotels worden gebouwd vanwege de antieke bouwwerken, maar de archeologen hebben daar nog niet veel aandacht aan besteed.

Yalıkavak 10 in de noordwesthoek van het schiereiland (17 km van Bodrum) staat bekend als het dorp van de sponsduikers. Inmiddels is de hele baai echter over een lengte van bijna 10 km volgebouwd met appartementcomplexen, staat de hoofdstraat vol met antiekzaken, en pronken de visrestaurants aan de haven met artikelen uit Turkse kranten. Maar doordat de infrastructuur is ingesteld op een verzorgd toerisme, heerst hier een uiterst mediterrane sfeer – rustig, maar niet te rustig.

Ook het dorp **Gündoğan** 11, dat aan een diep ingesneden, stille baai ligt, biedt talloze hotels en pensions aan een zandstrand. Van de Griekse kloosterruïne op de heuvel hebt u een fantastisch uitzicht over de kust helemaal tot aan Didyma.

Göltürkbükü is nu de aanduiding voor twee voormalige vissersdorpen die nu een aaneengesloten bebouwing van vakantiecomplexen vormen. Aangezien een vakantie hier bij Turkse popsterren en de Turkse welgestelden algemeen als zeer gewild geldt, heeft het ook een eigen website: www.golturkbuku.com. Interessanter dan het door olijfgaarden omringde **Gölköy** 12 is **Türkbükü** 13, dat een baai verder noordwaarts ligt. Hier vieren beroemdheden als Tarkan, Hande Yener en andere prominenten hun vakantie, en in de haven liggen ook geen excursieboten, maar alleen trendy privéjachten.

Met **Torba** 14 aan het begin van het schiereiland (7 km van Bodrum) begint de strook van de grote luxecomplexen voor Europese gasten, die zich verder uitstrekt tot aan **Güvercinlik** 15.

Overnachten

Akça Hotel 1: Yahşi Beach, Sahil Yolu, tel. 0252 348 31 52, www.akcahotel.8k.com, 2 pk met ontbijt € 30-70. Dit mooie complex pal aan het strand heeft een zwembad en een restaurant aan de strandpromenade. De kamers in blauw-witte tinten zijn eenvoudig, maar overwegend ruim. Hier komen vooral Turkse gezinnen, die de voordelen van het kindvriendelijke zandstrand waarderen.

Lavanta 2: Yalıkavak, aan de weg naar Gündoğan, met borden aangegeven, tel. 0252 385 21 67, www.lavanta.com, 2 pk met ontbijt € 130, appartement € 590 per week. Het complex ligt eenzaam op een helling met zicht op zee; overal zijn accenten aangebracht met muurtjes van natuursteen, oude

Bodrum en omgeving

elementen van marmer of tegels. De kamers zijn ingericht met elementen van hout, Turks textiel en smeedijzer. Er is zelfs een houtoven om brood te bakken, en men biedt een uitstekende wijnkelder.

Mandalya 3: Gölköy Plaj, tel. 0252 357 70 17, www.mandalyahotel.com, 2 pk met ontbijt € 35-80. Vriendelijk hotel aan het strand plus een restaurant met zeezicht. Hier vindt u (buiten de Turkse vakantietijd) nog rust. Op het kiezelstrand zijn watersportfaciliteiten aanwezig.

Eten en drinken

Köşem 1: Ortakent Beach, Sahil Yolu. Dit strandrestaurant is een plaatje; het staat aan het oosteind van Yahşi Beach. Hier woonden vroeger vissers toen er nog geen badgasten kwamen, en ook nu nog zitten de dorpelingen er graag om over zee uit te kijken. Men serveert degelijke boerenkost en visspecialiteiten.

Mehtap 2: Akyarlar, aan de voet van de moskee, tel. 0252 393 61 48. Het veelgeroemde restaurant Mehtap maakt een avonduitstapje naar Akyarlar de moeite waard. Men biedt uitmuntende visspecialiteiten, zoals *ahtapot güveç* (octopusgoulash, ca. € 6) of een vismenu met *börek*, *mezeler* en rakı voor slechts € 20. Als het vol is, kunt u ook uitstekend terecht in het ernaast gelegen Sofra Balıkçı.

Gümüşlük 3: centraal gelegen bij het parkeerterrein, tel. 0252 394 30 45, 2 pk met ontbijt € 25-45. Dit restaurant kan bogen op de rijkste traditie. Het is voornamelijk een visrestaurant, maar men verhuurt ook een paar eenvoudige kamers, bijvoorbeeld als iemand na het eten toch liever wil blijven.

Özlem 4: Türkbükü Plaj, tel. 0252 377 52 34. Dit traditionele visrestaurant geniet al jarenlang een uitmuntende reputatie. Een uitstapje hierheen is des te intessanter vanwege de vele aandenkens aan Atatürk, de grondlegger van het moderne Turkije, die overal in de gastzaal, een eenvoudige ruimte van hout, te zien zijn. De keuken is volledig Turks van karakter – voor een authentieke rakı-avond bent u hier zeker aan het juiste adres.

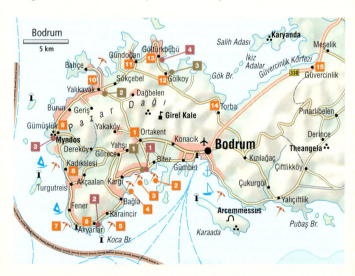

Informatie

Toeristenbureau: in het gebouw van de moskee (Ulu Cami).
Bus: elke 20 / 30 min. rijdt een minibus (*dolmuş*) van het centrale plein in de richting van Bodrum (tot 24 uur), minstens eens per uur in de richting van Akyarlar in het zuiden en Yalıkavak in het noorden.

Milas ▶ D 8

In dit stadje in het achterland van Bodrum verloopt het leven van alledag nog op traditionele wijze. Toch kan Milas terugkijken op een geschiedenis van meer dan 2500 jaar. In de oudheid heette deze plaats Mylasa. Het was de belangrijkste stad van het volk der Cariërs en sinds het einde van de 5e eeuw v.Chr. de residentie van de familie Mausolus, die als Perzische satrapen over de regio tussen Herakleia en Kaunos heerste. Ruim 1500 jaar later resideerden vlakbij, iets zuidelijker bij Beçin Kale, de emirs van de Menteşe-dynastie, die van 1280 tot 1428 over het zuidwesten van Klein-Azië heersten. Een uitstapje naar Milas is het mooist op dinsdag, als de grote weekmarkt wordt gehouden rond de Firuz Bey Camii, een Ottomaanse moskee uit 1394 (tot ongeveer 14 uur).

Archeologisch museum

di.-zo. 8-12, 13-17 uur, toegang TL 3
Hier toont men vondsten van de opgravingen in Milas en de nabije omgeving, zoals Euromos, Labranda, Iasos en Stratonikeia.

Uzun Yuva

Tegenover het museum
De Korinthische zuilen maakten deel uit van een Zeustempel in de Romeinse tijd.

Gümüşkesen

Het 'zilverkastje' genoemde Romeinse graf aan de voet van de heuvel in het westen geldt als een miniatuurkopie van het verwoeste Mausoleion in Bodrum. Vooral de kunstzinnige sculpturen in het interieur maken indruk.

Eten en drinken

Traditioneel – **Şeher Restoran:** in het oude stadsdeel iets hoger gelegen dan het marktterrein. Hier serveert men degelijke Turkse kost met stoof- en grillgerechten in een eenvoudige, authentieke entourage. U kunt met aanwijzen bestellen en desnoods in euro's betalen. Andere authentieke restaurants vindt u in de grote winkelstraat, als u vanaf het museum het oude stadsdeel in gaat.

In de buurt

Labranda (▶ D 8): het tempelterrein ca. 15 km verder in de heuvels boven van Milas ligt zeer idyllisch midden in een pijnbomenbos. Hier werd de Carische Zeus vereerd, wiens symbool de dubbele bijl (Grieks *labrys*) was. De strijders voerden hier geheime rituelen uit in de 'mannenhuizen' (*andron*) bij de hoofdtempel. Een door koning Mausolus geschonken zuilengalerij leidde hierheen. Bij de tempel staan diverse heiligdommen op een groot terrein met terrassen. Hier werden de jaarlijkse processies vanuit Mylasa / Milas afgesloten.

Euromos (▶ D 8): de antieke stad Euromos, 12 km ten noorden van Milas, beroemd om zijn grote Zeustempel, die beter dan veel andere tempels in West-Turkije behouden is gebleven. Van de tempel staan nog zestien zuilen overeind, en ook delen van de architraaf zijn nog intact. Uit de resten zou men het gebouw volledig kunnen reconstrueren, maar daarvoor ontbreekt het geld. Dat was vroeger ook al een probleem. Op enkele zuilen staan inscripties met teksten als: Ik ben van top tot teen door die en die betaald. De tempel werd dan ook geschonken door rijke burgers, die zo eeuwige roem hoopten te verwerven.

Marmaris en omgeving

Marmaris ▶ E 9

Marmaris kent een heel bijzondere sfeer: op de achtergrond liggen de donkergroene pijnboombossen, voor aan het water ligt Netsel Marina, een van de grootste jachthavens aan de Middellandse Zee, en daartussen bevindt zich een gigantische hotelstad waar alles alleen maar draait om vakantieplezier. Siteler (letterlijk 'de hotelcomplexen') en Uzunyalı ('lange kust') zijn de benamingen voor de lange strook waarover het nieuwe Marmaris zich langs het strand uitstrekt.

Dat Marmaris ooit een klein vissersdorpje was, valt pas te geloven als men voorbij de kilometerslange nieuwbouwstrook is gereden. Maar ook de oude wijk aan de voet van een kleine burcht vormt alleen maar een idyllisch decor voor talloze bars en cafés: in deze straatjes, met name in het 'Bar Street' genoemde straatje, dromt 's avonds het uitgaanspubliek samen (13 blz. 102).

Aan de ligging aan een baai die bijna helemaal van de open zee wordt afgesloten door eilanden, dankt Marmaris zijn merkbaar warmere klimaat. Hierdoor is het 's avonds laat niet alleen in de clubs van de Bar Street lekker warm.

Marmaris Kalesi 1

di.-zo. 8-12.30, 13.30-18 uur, toegang TL 3
De kleine Ottomaanse burcht boven de oude wijk is enige tijd geleden gerestaureerd en is nu voor publiek toegankelijk. De smalle witte straatjes die langs de burchtheuvel omhoogleiden vormen het meest idyllische deel van Marmaris – hier valt nog iets te proeven van de sfeer van het vroegere vissersdorpje Marmaris.

Eski Han 2

30 Sokak, nabij het toeristenbureau
Deze oude Ottomaanse karavanserai, die in 1545 werd gebouwd om de handelswaar te beschermen, heeft tegenwoordig geen functie meer. De oprichtingsinscriptie boven de ingang luidt: 'Opgericht onder sultan Selims zoon, de grote sultan Süleyman, veroveraar van continenten en oceanen en heerser van het Arabische en het Perzische Rijk'.

Netsel Marina 3

De jachthaven is ook interessant om te zien voor wie niet zelf vaart: een tochtje langs de wereld van de rijken en de superrijken. U vindt hier ook enkele goede restaurants en kleine chique boetieks met moderne sportmode (anders dan in de bazaar gaat het hier om echte merken, die niet goedkoop zijn, hooguit iets voordeliger).

Overnachten

De hotels van de catalogus staan overwegend aan het Siteler-strand (maximaal 45 min. lopen naar de stad) of in Armutalan op de heuvelhelling. Eenvoudige hotels zijn te vinden in de straten achter het stadsstrand.

Direct aan het strand – Hotel 47 1: Atatürk Cad. 10, tel. 0252 412 47 47, fax 412 41 51, www.hotel47.com, 2 pk met

Marmaris

ontbijt € 35-65. Dit grote, iets oudere middenklassehotel staat pal aan het stadsstrand, en ook dicht bij de oude wijk. De kamers zijn enigszins ouderwets, maar wel ruim; neem bij voorkeur een kamer op een van de bovenste verdiepingen om minder last te hebben van het straatrumoer.

Middenklasse nabij de stad – Halıcı 2: Çam Sokak 1, inrit voor de auto op de G.M. Muğlalı Cad., tel. 0252 412 16 83, www.halicihotel.com, 2 pk met ontbijt € 45-80, ook gezinskamers. Dit rustige en toch centraal gelegen, al wat oudere hotel is liefdevol ingericht met veel antieke objecten. De keurige kamers zijn eenvoudig, maar functioneel ingericht; verder beschikt het over een groot zwembad en een mooie, eveneens met oudheden ingerichte tuin. En dat alles op slechts 300 m van het stadsstrand. Let op: verwar dit hotel niet met Halıcı Holiday Village.

Luxe tussen de pijnbomen – Marmaris Palace Grand Yazıcı 3: Pamucak Mevkii, tel. 0252 455 55 55, www.grandyazicihotels.com, 2 pk / suite € 80-150. Dit fraai gelegen luxehotel in een klein pijnboombos aan zee staat aan de weg aan het uiteinde van het Siteler-strand. Aangename kamers (de beste zijn de bungalows), veel sportfaciliteiten, kleine disco, avondshows, goede miniclub voor kinderen. Elk uur vaart een pendelboot naar Marmaris en İçmeler; in de hoofdstraat rijden veel minibussen.

Eten en drinken

De restaurants aan de Kordon en aan de zeekade zijn voor een deel tamelijk duur; u kunt goedkoper, en vaak zelfs beter, terecht in de eenvoudige restaurants in de bazaarstraatjes.

Voor snoepers – Hemsin Patisserie 1: Kordon Cad., hoek 49 Sokak. Dit authentieke koffiehuis is modern ingericht,

Excursieboten en fraaie plezierjachten omringen het kasteel van Marmaris

Marmaris

Bezienswaardigheden
1. Marmaris Kalesi
2. Eski Han
3. Netsel Marina

Overnachten
1. Hotel 47
2. Halıcı
3. Marmaris Palace Grand Yazıcı

Eten en drinken
1. Hemsin Patisserie
2. Kırçiçeği
3. Three Palms
4. DenTol
5. Liman Restoran
6. Tiffany's
7. Drunken Crab
8. Hillside

Winkelen
1. Budaklar Müzik Center
2. Tansaş
3. Migros
4. Markthal (Pazar Yeri)

Uitgaan
1 – 8. Bar Street
9. Cine Point
10. Netsel Cinema

Sport en activiteiten
1. Stadsstrand
2. Atlantis Water Park
3. Sindbad Watersport

---

maar biedt wel een groot assortiment Turkse lekkernijen, en ook heerlijk ijs – alleen filterkoffie is er niet te krijgen.

Kebab en zo – Kırçiçeği 2: 61 Sokak 15, www.kircicegi.com.tr. Deze grote moderne kebab-salon biedt 18 soorten *pide* (per stuk ca. € 3), döner-kebabs, salades en soepen. Volgens de kaart is men 25 uur per dag geopend.

Onder de palmen – Three Palms 3: Kordon (Barbaros Caddesi 1), tel. 0252 412 13 54. Aan de havenkade bij drie palmbomen staat dit idyllische restaurant, dat een internationale keuken met steaks, tournedos en pastagerechten biedt. Het mooist zit u op het dakterras, maar daarvoor kunt u beter wel reserveren. Voorgerecht vanaf ca. € 4, hoofdgerecht vanaf ca. € 10.

Hollands Restaurant – DenTol 4: Kemal Seyfettin Elgin Bulv. 1, 158 Sok., tel. 0252 412 23 95, www.dentolmarmaris.com. Aan het begin van het Uzunyalı-strand vindt u deze Hollandse enclave, die vanaf 's ochtends 9 uur ontbijt en tussendoortjes in Nederlandse stijl biedt. Voor kinderen en mensen met heimwee zijn de vele soorten pannenkoeken ideaal. En natuurlijk is er op diverse schermen Nederlandse tv te zien.

4 Pupa Yachting **5** Paradise Diving Center **6** Eski Hamam

In de bazaar – Liman Restoran **5**: 40 Sokak, tel. 0252 412 65 31. De chef-kok Hayri Bey komt uit Bolu, dat volgens de Turkse traditie de beste koks van het land levert. De ambiance is vrij eenvoudig, maar dat nemen de bazaarhandelaars, die hier het grootste deel van de clientèle vormen, graag op de koop toe. Men serveert grill- en visgerechten.

Steaks en Chinees – Tiffany's **6**: Uzunyalı (207 Sok.), Siteler, tel. 0252 412 92 66, www.tiffanysmarmaris.com. Dit verzorgde restaurant aan het begin van de Siteler-kust biedt veelgeroemde steaks en ook Chinese gerechten. Overdag is het ook een café-bar met sport-tv, 's avonds zorgt de kookkunst voor een goede stemming. Voorgerecht ca. € 4, steaks vanaf € 11.

… in de buurt

In het bos – Ormancın'nın Yeri: in Çetibeli Köyü, 20 km in de richting van Muğla. De naam betekent 'Bij de bosman', maar dat is natuurlijk overdreven. Wel is het zeer idyllisch: in een klein, goed onderhouden tuinparadijs serveert men heerlijkheden van de Turkse keuken: *çöp şiş*, *lahmacun*, *tandır kebap*, *gözleme* (zie blz. 118).

101

13 Partystad – het uitgaansleven van Marmaris

Kaart: ▶ E 9, Stadsplattegrond: blz. 100

De 39 Sokak, die tussen de oude wijk en de jachthaven in de tweede linie parallel aan de jachthavenkade loopt, kent eigenlijk niemand onder deze naam. Iedereen heef het alleen maar over de 'Bar Street', want hier staan de populairste clubs van Turkije dicht bij elkaar.

Overdag zijn in de partystraat alle deuren gesloten; pas om 19 uur gaan de eerste bars open. Rond 22 uur wordt het dan geleidelijk drukker, totdat u uiteindelijk ook op straat alleen nog maar schuifelend vooruit kunt gaan. Rond 12 of 1 uur gaan de grote clubs van r&b en bekende popmuziek over op electro en dance – tot minimaal 5 uur in de ochtend kunt u non-stop dansen.

Om in de stemming te komen

De beste plek om bij een aangenaam drankje van de zonsondergang te genieten is de **Castle Bar** 1: helemaal boven op de burchtheuvel biedt deze bar een fantastisch uitzicht rondom vanaf het dakterras van een oude *konak*. Hier ziet u 's avonds laat de jongeren uit de Turkse *high society*, in de namiddag kunt u er juist in alle rust van het uitzicht en de zon genieten.

Wie zich het liefst midden in alle drukte stort en wil meemaken wat er allemaal op de dansvloer gebeurt, gaat naar **B'52** 2 (Barstreet 87, www.b52bar.com). Aan de lange bar in de openlucht kijkt u uit over de straat; bij de r&b, soul en funk biedt men elke dag een cocktail voor een bijzonder lage prijs aan.

Schuin hiertegenover vindt u **Galleon** 3, ook in de openlucht, met groen verlichte palmbomen en een blauw verlichte bar. De party's hier zijn bijzonder in trek, en zeer geschikt voor een vakantieflirt – al of niet met het personeel.

Wie het liever wat rustiger aan doet, kan uitstekend terecht in **Davy Jones's Locker** 4 (Bar Street 130). Dit is een van

🟢 ⓭ Het uitgaansleven van Marmaris

de oudste bars van Marmaris en wordt gerund door een rockfan van de oude school. De bar staat bekend om de goede sfeer van de party's en de grote muzikale bandbreedte van de dj's, die bijna alle verzoeknummers kunnen draaien.

Grote party's worden ook georganiseerd in **Greenhouse** 5 (Bar Street 93, www.greenhouse.com.tr), dat al vanaf ongeveer 1985 een van de beste dansclubs van Turkije is. De avond begint met r&b en popmuziek, dan gaat men over op house, en men eindigt vroeg in de ochtend met electro en trance.

Betrekkelijk nieuw en in trek bij de de generatie 18+ is **Club Areena** 6 (Bar Street 129, www.clubareena.com.tr). Naar eigen zeggen wil het de grootste van Turkije zijn. Moderne lichtshow, veel wisselende dj's. Men speelt vooral house, hiphop en dance.

Het middelpunt van de uitgaanswereld is echter zonder meer **Crazy Daisy Club** 7 (Bar Street 121, www.crazydaisybar.com), waar het pas na 1 uur begint vol te lopen. Men speelt hier vooral dance, electro en house. Het gaat er hier aanmerkelijk wilder aan toe, met halfnaakte gogodanseressen, foam party's en watershows, waarbij jonge vrouwen uit het publiek zich op de balkons van de danseressen kunnen presenteren. Watervaste make-up en kleding is in dat geval zeker aan te raden. En als er geen *special event* is, dansen de meiden net zo goed op de tafels.

- -

Trendy dineren

Drunken Crab 7: Bar Street 57, tel. 0252 412 39 70. Zeebanket in alle variaties, maar zonder tierelantijnen; de tafels zijn eenvoudig met een papieren tafelkleed gedekt. Het liefst bestelt u een schotel *mezeler*, een fles raki en een malse *barbunya* (maar pas op voor de vele graten!). Zwaardvissteak € 12, octopussalade € 9.

Hillside 8: Kale Yolu, 23 Sok. 28, tel. 0252 413 15 28. Dit bekende Turkse restaurant is gehuisvest in een stijlvol oud pand op de heuvel naast de burcht. Vanaf het dakterras hebt u een geweldig uitzicht. Voorgerecht vanaf € 3, *adana kebap* € 9.

Even rustig zitten

Bedesten Cafe 8: Çeşme Meydanı, tel. 0252 412 88 38. Op de binnenplaats van de historische *bedesten* (markthal) naast de moskee kunt u bij zachte muziek en klaterend water tussen alle drukte even een moment van ontspanning vinden.

Marmaris en omgeving

Winkelen

Winkelen naar hartenlust – In de overdekte **bazaar** in de oude wijk verkoopt men behalve schoenen, dvd's, tapijten en goud ook veel leren kleding, en zelfs bontjassen. Maar het grootste deel van het assortiment is textiel. De kleding van bekende merken is spotgoedkoop, maar is doorgaans nagemaakt.

Turkse popmuziek – **Budaklar Müzik Center** [1]: Eski Camii Sok. 1. Een groot en goedkoop assortiment aan cd's, dvd's en cassettes (hitlijsten, Turkse popmuziek, arabesk), voor een deel verzamelaars.

Supermarkten – **Tansaş** [2], U. Egemenlik Cad. (centrum), met Burger King, en **Migros** [3], K. Evren Bulv. (Siteler), met McDonalds, zijn grote winkelcentra met airconditioning waar u terecht kunt voor alles van pampers tot delicatessen.

Weekmarkten – elke vr. houdt men een markt bij de **Markthal (Pazar Yeri)** [4], in Siteler is elke di. een markt. De grootste markt is wo. in İçmeler (zie blz. 109).

Uitgaan

De parallel aan de jachthaven door de oude wijk lopende straat achter de burcht wordt meestal alleen aangeduid als **Bar Street** ([1] - [8], zie blz. 102). Hier gaat het feesten 's zomers tot vroeg in de ochtend door. Een andere grote uitgaansbuurt is te vinden aan het Uzunyalı-strand in Siteler, rechts en links van de I.K. Öner Cad.

Bioscoop – **Cine Point** [9] (in het Karacan Point Center aan het Uzunyalı-strand) en **Netsel Cinema** [10] (bij de jachthaven) vertonen dagelijks vanaf de middag actuele films in de oorspronkelijke taal.

Sport en activiteiten

Strand – Op het **stadsstrand** [1] voor de Atatürk Caddesi en bij de Sitelerwijk is uiteraard bijzonder druk. Maar het zand wordt dan wel elke ochtend aangeharkt, en men zorgt voor ligstoelen, parasols en watersportfaciliteiten; bovendien is er aan bars geen gebrek. Als u meer rust zoekt, gaat u per boot (vertrek 9 / 10 uur) naar de stranden in de buurt, zoals naar het **Kumlubük-strand** (zie blz. 111), de **Çiftlik-baai** (zie blz. 108) of nog verder zuidwaarts naar **Kilise Bay (Kriek İnce)** of **Amazon Bay (Serçe Liman)**.

Recreatiebad – **Atlantis Water Park** [2]: Siteler, 209 Sokak 3, Uzunyalı, nabij Hotel Anemon, dag. 10-18 uur, volwassenen € 13, kinderen € 8, afhaalservice via tel. 0252 413 03 08. Dit grote recreatiebad biedt opwindende glijbanen, een kinderbassin met veel speeltoestellen in het water, en een bowlingbaan.

Watersport – **Sindbad Watersport** [3]: stadsstrand, tegenover Yavuz Shopping Center; men biedt waterskiën, parasailing, bananenboten, ringo's enzovoort.

Bootverhuur – **Pupa Yachting** [4]: Marmaris Adaağaz, tel. 0252 645 12 53, www.pupa.com.tr. *Bareboat charter* (zonder bemanning) € 1500-5000 per week, *gulets* (met bemanning) prijs op aanvraag. Hierbij hoort een mooi rustig hotel, dat buiten de stad aan de oostkant van de baai tussen de palmbomen staat (voorbij het busstation langs de kust).

Duiken – **Paradise Diving Center** [5]: 's avonds ligt de boot aan de Kordon nabij het toeristenbureau, mobiel 0542 413 39 16, www.paradisediving.net. PADI-basiscursus 5 dagen ca. € 380, dagtrips met duikinstructeur, uitrusting en lunch ca. € 35, korting bij vooraf reserveren. Cursus in het Engels of Duits.

Turks bad – **Eski Hamam** [6]: Eski Çarşı Sokak, achter de Eski Cami (oude moskee), dag. 8-23 uur. Een heel bijzondere ervaring: een mooi Turks badhuis met een zeepmassage. Maar wees erop bedacht dat u uw eigen badkleding dient mee te nemen.

Informatie

Toeristenbureau: İskele Meydanı 2, aan de haven, tel. 0252 412 10 35.

Marmaris

Zwemplezier aan het strand van Sedir Adası – Cleopatra Beach is het mooiste strand van de regio

Internet: www.marmarisinfo.com, www.mymarmaris.com.

Bus: vanaf het *dolmuş*-station ten noorden van de Tansaş-supermarkt rijden tal van minibussen naar onder meer İçmeler, Armutalan, Turunç, Datça en het intercitybusstation (Yeni Garaj, M.M. Elgin Cad.). Vandaar rijden reisbussen in de richting van Fethiye en Muğla / Bodrum. De centrale halte voor de oude wijk is voor de Sabancı-school.

Pendelboot: bijna elk halfuur gaat een boot van de aanlegsteiger naar İçmeler, via het Atatürkbeeld, Yavuz Shopping Center, Uzunyalı en Hotel Lidya.

Excursieboot: vanaf de Kordon naar talloze bestemmingen, voor duiktrips, bootparty's, beach & barbecue, en zelfs nachtelijke boottochten.

Veerboot: naar Rhodos varen 3-5 maal per week snelle catamarans (50 min., retour € 50) en autoveerboten (2 uur). Vertrek achter Netsel Marina (te bereiken via de M.M. Elgin Cad.); zie ook op www.yesilmarmaris.com.

In de buurt

Bozburun-schiereiland: (**14** blz. 106). **Cleopatra Beach** (▶ E 9): dit is zonder meer het beste strand in de omgeving. Het strand, dat ook wel **Sedir Adası**, 'Cedereiland' wordt genoemd, ligt ongeveer 20 km verderop in de richting van Gökova. Naar verluidt, liet Marcus Antonius voor Cleopatra het fijne zand aanrukken vanuit de streek van de Rode Zee. Op het eiland kunt u een kijkje nemen bij de ruïnes van de antieke

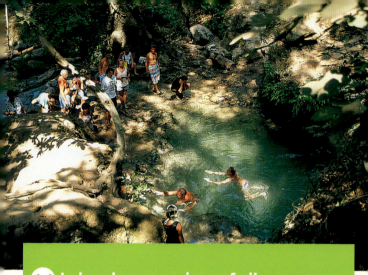

14 Imkersdorpen en jeepsafari's – het schiereiland Bozburun

Kaart: ▶ D/E 10, Oriëntatiekaartje: blz. 108
Vervoer: Auto, Duur: 1 dag

Het zuidelijkste van de twee langgerekte schiereilanden ten westen van Marmaris is bijzonder bergachtig en is daarom nog steeds niet goed met wegen ontsloten. Het hele zuiddeel met zijn volslagen kale heuvelhellingen is vrijwel alleen per boot te bereiken. Dankzij deze ontoegankelijkheid zijn de baaien juist erg in trek bij zeilers. Daarom hebben de meeste restaurants zich voor hun klantenwerving vooral op zee gericht en niet zozeer op het binnenland.

Op dit schiereiland Bozburun leefde de bevolking zo'n vijftien jaar geleden nog heel traditioneel, maar daarna is men hier ruw uit de doornroosjesslaap gewekt. Tot voor kort kwam er driemaal per week een oude, knetterende *dolmuş* vanuit Marmaris hierheen, en konden de oude mannetjes onder de grote platanen in Bayır zich verbazen over de paar afgedwaalde toeristen. Nu arriveren er elke ochtend drie jeepsafari's, en leeft het dorp hoofdzakelijk van de inkomsten uit het toerisme.

Dorp met een kasteel

Vanaf Marmaris (of İçmeler) neemt u de weg naar Datça. Bij het dorp Değirmenyanı slaat u af naar **Hisarönü** 1. Dit is een klein gehucht in het binnenland dat aan de voet van het kasteel (Turks *hisar*) ligt waaraan het zijn naam dankt. Terwijl het dorp steeds verder ontvolkt raakt, zijn er nu aan het zandstrand bij zee enkele hotels en pensions verrezen. Hier biedt men tal van faciliteiten voor watersport, zoals surfen en zeilen.

Over water lopen

De baai van **Orhaniye** 2 geniet inmiddels bekendheid omdat men hier over een zandbank die Kizkumu heet het water kan oversteken zoals Jezus dat ooit deed: 's zomers komt het water hier

Het schiereiland Bozburun

nooit hoger dan de enkels (maar er liggern wel veel stenen: neem badschoenen mee!). Keerzijde van deze medaille is dat het water in de binnenbaai niet schoon genoeg is om er te zwemmen. Verderop bij het kleine snackrestaurant Deniz Sifir is het beter gesteld met de kwaliteit van het water.

De tapijtfabriek

In de tapijtencoöperatie **Muğla Halıcılık** 3 tussen Orhaniye en Turgutköy biedt men in nieuwe grote panden een omvangrijk assortiment aan tapijten te koop aan met een deskundig advies (ook in Engels of Duits). Men heeft hier tapijten op voorraad uit de regio, de zuidelijke provincie Muğla, maar niet uit Oost-Anatolië, zoals de meeste andere tapijthandelaren dat wel hebben. Meer dan tweeduizend vrouwen hebben werk via deze coöperatie – en daarmee kunnen hele dorpen in hun levensonderhoud voorzien.

Bij de waterval

Het dorp Turgut is vooral bekend geworden dankzij zijn waterval, de **Turgut Şelalesi** 4. Deze klatert 's zomers weliswaar hooguit als een gemiddeld bergbeekje, maar het water stroomt naar een schaduwrijk groen dal en voedt enkele meertjes, waar de stoutmoedigen eventueel een duik in het ijskoude water kunnen nemen. Bij de beek kweekt de familie van het restaurant İsmail in Yeri forellen, die u pas gevangen en van de grill geserveerd krijgt: *alabalık* met salade en Turks brood.

Aan de zeilersbaai

Het kleine gehucht **Selimiye** 5 ligt aan een beschutte baai waar zeilers bijzonder graag voor anker gaan. Over land rijdt u over hobbelige paden, terwijl de toegang over zee als geplaveid is. Als u van een landelijke vakantie houdt (op een boerderij à la turca) kunt u hier ook

> **Overigens:** veel locaties op het schiereiland zijn tegenwoordig met een gewone auto te bereiken. Toch worden overal georganiseerde tochten met jeeps aangeboden. Daarbij kunt u het best proberen een plek in de voorste auto te bemachtigen. Wanneer de colonne over de paden hobbelt, geldt het oude soldatengezegde: 'Liever modder dan stof!' Als u met een huurauto rijdt, kunt u de rest van de middag doorbrengen aan het strand van Çiftlik… neem dan dus zwemspullen mee!

een eenvoudig pension vinden. Dan kunt u uw tijd doorbrengen in het Nirvana Beach Restaurant aan de haven, met uitzicht op de baai en de ruïne van een kleine toren.

Havenidylle

De havenplaats **Bozburun** 6, aan de westkant van het gelijknamige schiereiland bij een beschutte zeearm gelegen, is een hoofdstation voor zeilvakanties (zie blz. 86). Overdag heerst er een idyllische lome sfeer, die 's avonds tot leven komt als de kaden zich vullen met de zeiljachten. Men is hier dan ook op speciale behoeften ingesteld: zo zijn er ijsstaven te koop en vindt u er wasserijen en warme douches…

Verder naar het zuiden ligt het dorpje **Söğütköy** 7, waar enkele hotels aan twee strandbaaien staan; de weg eindigt in het bergdorp **Taşlıca** 8: hier is de zee zowel in het westen als in het oosten te zien.

Het imkersdorp

In **Bayır** 9 vormt de imkerij de belangrijkste bron van inkomsten. Overal in de bossen rond het dorp staan blauwe kasten opgesteld, waar de bijenvolken hun kruidige Marmaris-honing bijeenbrengen: *çam balı* (pijnboomhoning) en

Marmaris en omgeving

kekik balı (tijmhoning). In het midden van het dorp van 200 inwoners staat een grote plataan die 2000 jaar oud zou zijn. In Platan Lokanta kunt u goed eten en drinken, en vanaf het balkon over het halve dorp uitkijken. Maar pas op met kinderen: overal zoemen bijen rond.

Aan het strand

Vanuit Bayır kunt u een mooi uitstapje maken naar de **Çiftlik-baai** 10, de mooiste zwembaai van het schiereiland. Zelfs hier aan het strand verkoopt men honingwaren, andere dorpsbewoners hebben een kleine kapperszaak en andere miniwinkels ingericht; verder vindt u hier het goed bezochte Hotel Green Plantan. Net als deze bedrijfjes, werd overigens ook de imkerij uit nood geboren: in de bossen van de Ağa, de grote landheer, was het voor de boeren verboden om te jagen of hout te sprokkelen – maar ze mochten er wel bijenkasten opstellen.

Informatie

Jeepsafari's worden in het hoogseizoen bij alle grotere hotels tegen vergelijkbare prijzen aangeboden.
Boot: vanuit Marmaris, İçmeler en Turunç gaan vanaf ca. 10 uur zwemboten naar de baaien van de oostelijke kust.

Overnachten

Motel Begovina 1: Selimiye, tel. 0252 446 42 92, www.begovinamotel.com. Dit kleine, dorpse hotel met studio's (kamers met keuken) staat aan zee. Idyllische tuin, ligplateaus, goed restaurant met een grote keus.

Eten en drinken

Old Fisher Restaurant Yaşlı Balıkcı 1: aan de kade in Bozburun. Deze populaire *lokanta* biedt een uitstekende octopussalade, een grote keus aan voorgerechten, veel grillgerechten *(izgaralar)* en steevast verse vis.
Rafet Baba'nın Yeri 2: Çiftlik. Dit restaurant aan het strand heeft een schaduwrijk tuinprieel en een visbassin waar u een rondzwemmende vis kunt uitzoeken. Fraai ingericht met vissersgereedschap; op het strand staan ligstoelen met strooien parasols; bij de eigen steiger leggen jachten aan.

Akyaka, İçmeler

stad **Kedreai**. Goedkope excursies worden aangeboden door elk reisbureau. Met eigen vervoer (bijvoorbeeld een gehuurde scooter) bereikt u bij Çamlıköy of Taşbükü de veerboot (vertrek om 10 en 13 uur).

Akyaka ▶ E 9

De strandnederzetting aan de binnenzijde van de Golf van Gökova, ca. 30 km ten noorden van Marmaris, is de enige badplaats in deze streek, die verder wordt gekenmerkt door uitgestrekte bossen en landbouw. De hotels zijn vooral te vinden in de directe nabijheid van het strand, terwijl rond de dorpskern iets hoger op de heuvelhelling veel appartementencomplexen en vakantievilla's staan – elk jaar zijn het er weer meer. Bijzonder sfeervol zijn de forellenrestaurants die in de richting van Gökova aan een riviertje liggen.

Overnachten

Aan het strand – **Yücelen:** Akyaka, tel. 0252 243 51 08, www.yucelen.com.tr, 2 pk met ontbijt € 40-85. Dit mooie, kindvriendelijke complex heeft houten veranda's in de Ottomaanse stijl die typerend voor Akyaka is: kleine zijvleugels van twee verdiepingen met houten balkons. Het hotel beschikt ook over een tuin met zwembad en een kleine eendenvijver die kinderen fantastisch vinden. De kamers bieden een gemoedelijke, mediterrane sfeer.

Eten en drinken

Gegrilde forel bij de rivier – **Halil'in Yeri:** aan de rivier in de richting van Gökova. Een bijzonder knus restaurant om forel te eten. De tafeltjes staan op kleine eilandjes, waar het water sfeervol langs stroomt. Neem echter bij voorkeur wel een beschermingsmiddel tegen muggen mee.

Informatie

Bus: alle bussen die over het traject İzmir-Muğla-Fethiye rijden, stoppen bij de afslag naar Gökova. Als u het van tevoren aanvraagt of als u belt (men spreekt Engels) organiseren de hotels een afhaalservice.

İçmeler ▶ E 9

Dertig jaar geleden sliepen de rugzaktoeristen bij de baai van İçmeler ('De bron') nog op het strand. De door heuvels omringde vlakte was bedekt met olijfbomen en groene velden. De heuvels zijn nog steeds groen, maar verder is hier een uiterst modern vakantieoord verrezen, dat in vergelijking met de hotelwijk van Marmaris een ruime, groots opgezette en keurige indruk maakt.

Natuurlijk staat alles hier in het teken van vakantieplezier en zon, zee en strand: overdag op het langgerekte strand, 's avonds op de strandpromenade, waar dan tal van straatkunstenaars en straathandelaars opduiken die een soort avondmarktsfeer creëren. Ook is er een fraaie wandelstrook die langs het riviertje naar het strand loopt, waar het wemelt van de souvenirkraampjes, restaurants en bars. Het uitgaansleven is hier echter nog wat beperkt gebleven. Langs de Kayabal Caddesi in de richting van het busstation is overigens wel een soort 'Klein Engeland' ontstaan, met tal van Britse pubs.

Overnachten

Aan het palmenstrand – **Laguna:** helemaal aan de linkerkant van de baai, te bereiken via de hoofdweg vanaf Marmaris, tel. 0252 455 37 10, fax 455 36 22, www.lagunahotel.com, 2 pk met halfpension € 80-180, suite met halfpension € 210. Dit is zonder meer het mooiste hotel van İçmeler, met een lichte, moderne en verzorgde architectuur. Het biedt een terrasrestaurant, fitnesscentrum en

Marmaris en omgeving

een bar midden in het zwembad. Het staat aan het (rustigere) strand achter het Martı Resort, waar grote, schaduwrijke palmbomen staan. Door de grote ramen zijn de kamers aan de zeekant trouwens erg warm.

Luxe all-in – **Martı Resort:** pal aan het strand, tel. 0252 455 34 40, fax 455 34 48, www.marti.com.tr, 2 pk € 136-266, all-in € 20-40, halfpension met menu in het restaurant La Grotta € 20-96 voor twee personen. Dit reusachtige complex in clubstijl biedt een bijzonder mooi en groot zwembad, een grote kinderspeelplaats, talloze sportfaciliteiten (boogschieten, tennis, watersport), een grote openluchtdisco en diverse verzorgde en goede restaurants.

> De **weekmarkt** op woensdag langs de Barbaros Caddesi, de rondweg langs de noordrand van de stad, is de grootste van de hele regio en ook een populaire bestemming voor toeristen uit Marmaris. U moet hier overigens beslist stevig afdingen: voor de helft van de prijs of niet!

Eten en drinken

Vis en nog meer – **Bamboo:** in een rond gebouw aan het grote strand nabij het riviertje. De vis kiest u hier niet uit de koelvitrine, maar terwijl hij nog in een zeewaterbassin rondzwemt. Octopussalade ca. € 9, vis van de dag ca. € 12.

Italiaans – **La Grotta:** bij Martı Beach, het hoort bij het hotel, 1 mei-15 okt., dag. 12-15, 18-23 uur. Met rustige livemuziek op de achtergrond kunt u hier genieten van heerlijke Italiaanse gerechten: pasta, pizza en nog veel meer, zelfs carpaccio. Alleen was de rode wijn niet op de juiste temperatuur; neem liever een gekoelde witte wijn. Pasta ca. € 9, hoofdgerecht vanaf € 12.

Uitgaan

Met showdans – In İçmeler speelt het uitgaansleven zich vooral af in de zogeheten Fun Bars. Hier kunt u 's ochtends op tv naar sportprogramma's en soaps kijken, 's middags meedoen aan een quiz, en later op de avond dansen (het personeel danst zelfs op de bar). Hierbij organiseert men ook strippen voor heren en buikdansles voor vrouwen uit het publiek. Populaire adressen zijn **Three Bells Dance Club 'n Fun Bar** (İstiklal Cad., hoek 74 Sokak), **Deniz Kapısı Bar** (einde Kayabal Cad., bij hotel Mar-Bas) en **Korsan Dance Bar** (Cumhuriyet Cad., in hotel Kanarya).

Dansen – **Pleasure Disco:** Kayabal Cad. 30, ter hoogte van K. Evren Cad., dag. vanaf 20 uur. Grote disco met vier bars, lasershow (vanaf 24 uur) en gogogirls. Tot middernacht is het rustig, maar daarna komt er een druk uitgaanspubliek.

Sport en activiteiten

Duiken – **Divers Delight:** Kayabal Caddesi 63, nabij hotel Mar-Bas, tel. 0252 455 38 85, www.diversdelight.com. Duikcursussen voor alle niveaus (PADI-cursus bijvoorbeeld € 385) in Engels of Duits. Ook organiseert men dagtrips.

Zwemboten – Vanaf het strand vertrekken elke dag diverse boten naar afgelegen stranden en baaien aan de zuidkant van het **schiereiland Bozburun**. Vertrek om 10.30, terug om 17 uur.

Informatie

Bus: elke 10 min. rijdt een minibus naar Marmaris; de bussen rijden vanaf Göl-Mar Hotel via Kayabal Cad. en Cumhuriyet Cad. en stoppen overal op verzoek. Vanaf het minibusstation in de Kayabal Cad. rijden ook bussen naar Turunç en Datça; intercitybusstation in Marmaris.

Boot: ongeveer elke 30 min. vertrekt een taxiboot van de drie aanlegsteigers naar Marmaris (haltes bij Hotel Lidya, de Uzunyalı-steiger en aan de promenade bij het Yavuz Shopping Center).

In de buurt

Excursieboten van de bootcoöperatie varen onder meer naar Turunç, Amos en Kumlubük Beach – vanaf 10 uur met zwempauzes en middageten.

Turunç ▶ E 10

Eerst kwamen alleen de zwemboten van Marmaris naar het strand van Turunç, maar inmiddels is het plaatsje met een aantal hotels uitgegroeid tot een rustig alternatief voor de grote toeristencentra in de buurt. Ook nu nog ligt Turunç tamelijk afgescherd, want om het smalle zandstrand met de omringende hotels te bereiken moet u vanaf de hoogvlakte omlaagrijden via adembenemend steile bochten.

Overnachten

Strandhotel – **Diplomat:** aan de hoofdstraat bij het strand, tel. 0252 476 71 45, www.diplomathotel.com.tr, 2 pk met ontbijt € 50-60, suite met ontbijt € 75. Dit goed geleide middenklassehotel biedt kamers in het hoofdgebouw aan het strand en appartementen met zwembad ertegenover; airconditioning, watersportfaciliteiten, restaurant. Het complex staat bij het mooiste stuk strand.

Eten en drinken

Traditionele keuken – **Han:** in het centrum nabij hotel Diplomat. Strandrestaurant aan zee met een houten veranda. Han was een van de eerste restaurants in Turunç (men verhuurt ook kamers en appartementen). De keuken is niet pretentieus, maar goed; specialiteit is lamsvlees uit de oven (€ 8).

Verfijnd met een mooi uitzicht – **Turunç Yacht Restaurant:** aan het zuideinde van het strand op een kleine uitstekende rots. Er zijn tal van kleine terrassen in het natuursteen aangebracht, met een prachtig uitzicht over de baai. Voorgerecht vanaf € 3, hoofdgerecht vanaf € 7, tonijnsteak € 9. Overdag is het een bar met ligstoelen te huur.

Sport en activiteiten

Strand – Het met kiezelstenen bezaaide **zandstrand** is nabij het centrum van het dorp flink druk, maar ten noorden hiervan is het rustiger. Idyllischer zijn de stranden verder zuidwaarts aan de kust van het schiereiland Bozburun: **Kumlubük**, een breed zandstrand met enkele hotels, en de **Çiftlik-baai** (te bereiken via Bayır, zie blz. 107).

Informatie

Reisagentschap J&M: in de hoofdstraat (men spreekt ook Engels of Duits), tel./fax 0252 476 78 59, www.jmturkey.com.
Bus: van / naar Marmaris en ook İçmeler 5 keer per dag., 2 keer per dag naar Bayır.
Boot: (vertrek van de pier bij restaurant Çardak) naar İçmeler / Marmaris en naar de baaien Kumlubük en Çiftlik 3 keer per dag tussen 9 en 19 uur.

In de buurt

Schiereiland Bozburun: zie blz. 106
Kumlubük (▶ E 10): ook in de langgerekte baai van Kumlubük zijn inmiddels enkele middenklassehotels verrezen (zoals Verano, www.veranohotel.com, 2 pk met halfpension € 44-50). Maar bars, kroegen of toeristische winkels zijn hier niet te vinden, en dus is het strandgebied nog vrij landelijk gebleven. De velden zijn in gebruik voor landbouw (overwegend tabaksteelt), op de weiden grazen koeien; 's ochtends laten hanen en ezels zich horen. Alleen aan het strand is het redelijk druk, want de baai is een populaire bestemming voor de zwemboten uit de grote badplaatsen.
Amos (▶ E 10): op ongeveer 30 min. lopen aan de kust in het zuiden. De antieke stad Amos was een buitenpost van Rhodos, dat na de 3e eeuw over een groot rijk in Klein-Azië heerste (Peraia geheten). Imposant zijn de resten

Marmaris en omgeving

van de stadsmuur die het schiereiland afschermde. Verder zijn er resten van een theater en een tempel voor Apollo Samnaios te ontdekken.

Datça ▶ D 10

Het ruim 100 km lange schiereiland Reşadiye bij Marmaris is de meest zuidwestelijke en ook meest afgelegen punt van Turkije; en halverwege ligt Datça. Er ontstond een toeristische opbloei door het zeiljachttoerisme, maar bij het grote publiek is het rustige badplaatsje met 7500 inwoners vrij onbekend. Het is nog steeds een idyllisch havenplaatsje.

Ongeveer 3 km landinwaarts ligt het 'moederdorp', dat nu **Eski (Oud) Datça** heet. De mooie oude huizen hier zijn zeer gewild als zomerverblijf bij de kunstenaars en intellectuelen uit Ankara. De statige *konak* van een Ottomaanse landheer biedt nu onderdak aan een restaurant.

Neem bij een vakantie in Datça zeker de tijd voor een dagtocht per veerboot naar **Bodrum** (zie blz. 76) en een autotour naar **Knidos** (15 blz. 113).

Overnachten

In de hoofdstraat naar de haven (Atatürk Caddesi) staan eenvoudige hotels; pal bij de haven zijn tal van goedkope pensions te vinden.

Centrale ligging aan de haven – **Dorya Motel:** op het schiereiland bij de jachthaven, tel. 0252 712 36 14, www.hoteldorya.com.tr, 2 pk € 40-80. Dit rustige, idyllische complex staat in een park bij het amfitheater. Het was ooit het eerste middenklassehotel hier, met een zwembad dat niet helemaal fris is. Bij een rit per auto kunt u hier in het hoogseizoen slechts tot 19 uur terecht.

Eten en drinken

Traditionele keuken – In de hoofdstraat naar de haven (Atatürk Cad.) staan tal

---

Zo'n 13 km ten oosten van Datça ligt **Karaincir Beach**, met kleine gekleurde kiezelstenen; 1 km verder ligt het **strand van Değirmenbükü**. Aan deze mooie baai ligt een strand van fijn zand dat heel geleidelijk in zee afloopt. Voor de kust liggen een paar kleine rotseilandjes, waarbij u prima kunt snorkelen. Bij het strand staan een strandrestaurant en een klein vakantieoord, maar het toerisme blijft redelijk beperkt buiten de drukste tijd van het hoogseizoen.

---

van kleine authentieke restaurants, zoals **Korsan Lokanta** of **Zekeriya Sofrası**. Hier serveert men degelijke kost, maar ook *pide*, *lahmacun*, enzovoort voor een lage prijs (hoofdgerecht ca. € 4).

Strandrestaurant – Langs de promenade bij het oostelijke stadsstrand vindt u veel eenvoudige grillrestaurants die hun tafeltjes op het zandstrand hebben uitgestald. Hier komen de inwoners van Datça 's zomers graag eten. Bijzonder mooi is **Restaurant Dutdibi**, waar u onder een grote tamarisk zeer goedkoop vis kunt eten.

Met oergesteente – **Emek Kaptan'ın Yeri:** Yat Limanı, boven de haven, tel. 0252 712 32 79. Al jaren is dit een populair toeristenrestaurant met een terras dat uitkijkt over de zee; aan de muren hangen honderden rotstekeningen. De specialiteit is vis, maar u hebt er ook een grote keus aan vleesgerechten, en verder veel *mezeler* voor een rakı-avondje. Voorgerecht vanaf € 2,50, hoofdgerecht ca. € 5, vis ca. € 10.

Sport en activiteiten

Strand – Mooier dan het **stadsstrand** aan de oostkant van de haven is de **westelijke baai** met een zoetwatervijver. En 4 km westelijker ligt de rustige **Kargıbaai**, met een kiezelstrand, een beekje en het **Beach-Restaurant Nesim**.

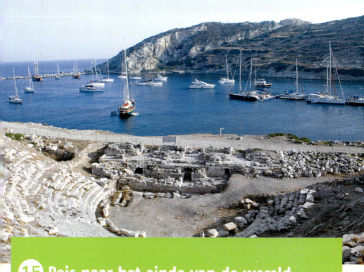

⓯ Reis naar het einde van de wereld – Knidos

Kaart: ▶ C 10, Oriëntatiekaartje: blz. 114
Vervoer: Auto of boot, Duur: 1 dag met zwempauzes

De antieke stad Knidos op de punt van het schiereiland Reşadiye ligt ontzettend afgelegen – ver van de beschaving. In de oudheid was Knidos een vermaarde reisbestemming: hier eerde men de 'Aphrodite nudica' van de beeldhouwer Praxiteles, die verantwoordelijk was voor de eerste Griekse voorstelling van een naakt vrouwenlichaam.

Knidos vormde samen met Halicarnassus (Bodrum), Kos en Rhodos een cultureel centrum van de Dorische Grieken: zo liet de stad het Schathuis van de Knidiërs in Delphi bouwen. En de bouwmeester van de legendarische vuurtoren van Alexandrië, Sostratos, was afkomstig uit Knidos.

De stad van Aphrodite

Vanaf Datça rijdt u eerst door uitgestrekte olijfbossen; later wisselen steile rotswanden en pijnboombossen elkaar af. In enkele kleine dorpen leeft men van veeteelt, bosbouw en de imkerij. Zijwegen leiden naar de stille stranden bij **Mesudiye** (▶ D 10), waar op de vlakte voor het strand nog hanen kraaien en ezels grazen. Daarna bereikt u **Palamutbükü** (▶ D 10), dat al wat meer beschaving lijkt te kennen. Het is overigens aan te raden pas na het bezoek aan Knidos een zwempauze te nemen.

Het eerste wat u ziet van **Knidos** zijn veelhoekige muren die zijn opgetrokken uit onregelmatige, in elkaar gepaste stenen. Deze landhuizen stonden net buiten de **stadsmuur** 1, die u daarna bereikt. Hier ziet u nog diverse belangrijke bouwwerken, zoals het **theater** 2 in Romeinse stijl en de grote **agora** 3, waar ook een Dionysustempel en een **stoa** 4 met een winkelgalerij stonden.

Via twee terrassen gaat u omhoog naar de ruïne van de **Korinthische tempel** 5 met publieke gebouwen en de resten van de ronde **Aphroditetempel** 6,

Marmaris en omgeving

waar ooit binnen een kring van zuilen het befaamde beeld van de naakte godin stond.

Op de top hebt u een mooi uitzicht over beide havens, in het zuiden de **handelshaven** 7, in het noorden de kleine **haven van oorlogsgaleien** 8. Hier is te zien dat de Knidiërs zich niet richtten op het Klein-Aziatische achterland, maar op de Egeïsche Eilanden: vlak voor de kust ligt het eiland Nissyros, met in het noorden Kos, in het zuiden Rhodos.

Informatie

Over land: geen busverbinding, alleen te bereiken per huurauto (ca. 1 uur).
Boottaxi: in het hoogseizoen vertrekken vanuit Datça dag. vanaf ca. 10 uur zwemboten voor een dagtocht naar Knidos.
Knidos: dag. van 8 uur tot zonsondergang, toegang TL 8.

Eten en drinken

Mesudiye (▶ D 10) heeft twee kleine stranden, Ortabük en Hayıtbük, waar weinig faciliteiten zijn. **Palamutbükü** (▶ C / D 10) is een lang kiezelstrand met enkele hotels en restaurants – en inmiddels ook een moskee. Aan de haven staan helemaal rechts bij het strand kleine supermarkten, maar verder ontbeert de landelijke idylle elke toeristische infrastructuur.

Palmiye Motel: Palamutbükü, ca. 500 m vanaf het strand aan de toegangsweg, tel. 0252 725 51 26, www.palmiyeotel.com, 2 pk met ontbijt € 35-60. Dit gemoedelijke hotel, dat wordt geleid door een Turks-Duits echtpaar, biedt eenvoudige kamers, die in authentieke stijl zijn ingericht met veel hout. Achter het pand ligt een kleine tuin met een kinderbadje en ligstoelen.

Hadi Dedim Hopba: aan de haven van Palamutbükü. De eigenaar van dit strandrestaurant heeft lang in Duitsland gewerkt. Hij serveert alleen zelf gevangen, superverse vis, zoals in de oven gebakken *kılıç balık* (zwaardvis). Een jager levert hem echter ook wilde zwijnen uit het gebergte. Het vlees hiervan bereidt hij eveneens in de oven.

Muğla

In het hoogseizoen varen zwemboten naar de baaien van **Palamutbükü**, **Hayıtbükü** en **Mesudiye** (zie blz. 114).
Surfen – Bij **Gebekum Beach**, 10 km oostelijker, ligt een vakantiedorp voor surfers, **Datça Holiday Surf Village**, dat is te boeken via www.fun-system.com.

Informatie

Informatiekiosk: Cumhuriyet Meydanı, het plein voor de havenwijk, tel./fax 0252 712 35 46.
Bus: er rijden geregeld bussen naar Marmaris en Muğla, maar niet naar Knidos.
Boot: naar Bodrum dag. 9 uur vanaf Körmen İskelesi, ca. 5 km ten noorden van Datça; naar dat punt rijdt een pendelbus; terugreis om 17 uur. Voor autotransport dient u uiterlijk op de avond ervoor te reserveren, kantoor op het Cumhuriyet Meydanı, tel. 0252 712 21 43. In het hoogseizoen varen er excursieboten naar Knidos en het Griekse eiland Simi.

In de buurt

Simi: deze stad op het Griekse eiland was aan het eind van de 19e eeuw de grootste plaats in de zuidelijke regio. Met de scheepsbouw en vooral de sponsduikerij verdienden de inwoners zoveel dat ze mooie huizen in neoclassicistische stijl konden laten bouwen – deze zijn nu gerestaureerd en bieden een symfonie van kleur en architectuur.

Muğla ▶ E 9

Ongeveer halverwege tussen Bodrum en Marmaris ligt de kleine provinciehoofdstad Muğla (ca. 40.000 inwoners), waar het bestuur over die twee zomermetropolen zetelt. Het is een beminnelijk stadje met een traditioneel oud stadsdeel en een levendige weekmarkt. Het gaat terug op de antieke stad Mobolla van de Cariërs. In de 16e eeuw werd Muğla de residentie van het vorstengeslacht Menteşe en vanaf 1867 zetelde hier een Ottomaanse gouverneur. Een bezoek is vooral de moeite waard op donderdagochtend, als men in het oude stadsdeel een grote markt houdt. Interessant is de Yağcılar Han, de 'karavanserai van de oliehandelaars' uit de 17e eeuw, waar nu souvenirwinkels en een theehuis zijn ondergebracht. Voor de ingang staat een mooie marmeren fontein, die nog steeds in gebruik is.

Overnachten

Voor een tussenstop – De beste hotels van Muğla (met drie sterren) zijn **Grand Brothers** bij de toegang tot de stad vanuit het noorden (Abdi İpekçi Cad., tel. 0252 212 27 00, 2 pk met ontbijt ca. € 40, met zwembad, sauna, enzovoort) en **Petek** bij de zuidelijke toegang tot de stad (Marmaris Bulv. 27, tel. 0252 214 18 97, www.petekhotel.com, 2 pk met ontbijt ca. € 40, hotel sinds 1983).

Eten en drinken

Traditionele keuken – Aan het plein bij de moskee en rond de centrale rotonde staan enkele eenvoudige **lokanta** waar men smakelijke traditionele gerechten serveert. **Hotel Yalçın** bij het busstation beschikt ook over een eenvoudig restaurant met een goede traditionele keuken.
Met een prachtig uitzicht – Op de terugweg kunt u eten en drinken in het moderne **restaurant bij het benzinestation** naast de afslag naar de steile weg omlaag naar de Gökovavlakte.

Informatie

Toeristenbureau: Marmaris Bulv. 24, tel. 0252 214 12 61, fax 214 12 44.
Bus: de intercitybussen die rijden tussen İzmir en Marmaris / Fethiye stoppen onderweg in Muğla. In Marmaris vertrekt ongeveer elk uur een bus vanaf het intercitybusstation.
Auto: vanaf Marmaris duurt de rit ongeveer een uur; een parkeerplaats vindt u het gemakkelijkst bij het busstation.

Toeristische woordenlijst

Zonder enige kennis van de Turkse taal kunt u een prima vakantie aan de Turkse westkust hebben. Bijna iedereen met wie u als toerist in contact komt, spreekt wel Engels, soms ook Duits en Nederlands. Buiten de toeristische gebieden is het wel handig enkele Turkse zinnen ter beschikking te hebben, maar vaak zijn er wel mensen in de buurt die in West-Europa hebben gewerkt. Belangrijk voor het begrip is de juiste klemtoon. Bijna altijd hoort de klemtoon op de eerste lettergreep te liggen. Klinkers worden kort en open uitgesproken.

Uitspraak

- c als dzj; cami (moskee) = dzjami
- ç als tsj; kac (hoeveel) = katsj
- e als è in 'het'; evet (ja) = èwèt
- ğ verlengt de voorgaande a, ı, o, u; dağ (berg) = daa
- - als j na e, i, ö, ü; değil (niet) = dejil
- h als in 'hallo' voor een klinker; als ch in 'nacht' na een doffe klinker; bahçe (tuin) = bachtsje
- - als g in 'wiegje' na een heldere klinker; salih (vroom) = salieg
- ı als stomme e in 'lopen'; halı (tapijt) = hale
- ö als eu; göl (meer) = geul
- u als oe; uzak (ver) = oezak
- j als zj; plaj (strand) = plaazje
- s als s in 'massa'; su (water) = soe
- ş als sj; şelale (waterval) = sjèlalè
- v als w; ve (en) = wè
- - met voorgaande a als au; pilav (rijst) = pilau
- y als j; yol (weg) = jol

Algemeen

goedendag	İyi günler!
goedenavond	İyi akşamlar!
tot ziens	allaha ısmarladık
(zegt de vertrekkende; de blijver zegt: güle, güle (klemtoon op laatste letergreep)	
hallo	merhaba
ja / nee	evet / hayır
goed / slecht	iyi / kötü
alstublieft	lütfen / buyurun
bedankt	teşekkürler
dank u	teşekkür ederim
sorry, pardon	pardon
niets aan de hand	bir şey değil
goed, in orde	tamam
mijn beste	aşık

Onderweg

halte	durak
bus	otobüs
kaartje, ticket	bilet
haven	liman
(veer)boot	gemi
auto	araba
band	lastik
ingang	giriş
uitgang	çıkış
links / rechts	solda / sağda
rechtdoor	dosdoğru
terug	geri
voorzichtig	dikkat
bank	banka
postkantoor	posta
kerk	kilise
museum	müze
strand	plaj
brug	köprü
plein	meydan
geopend	açık
gesloten	kapalı
er is	var
er is niet	yok
groot / klein	büyük / küçük

Overnachten

pension	pansiyon
hotel	otel
kamer	oda
driepersoonskamer	üç kişilik oda
toilet, wc	tuvalet
douche	duş
bagage	bagaj
rekening	hesap

Winkelen

supermarkt	süpermarket
markt	pazar
markthal	çarşı

Toeristische woordenlijst

geld	para	**Tijd**	
creditcard	kredi kartı	vandaag	bugün
te duur	çok pahalı	morgen	yarın
drie stuks	üç tane	's ochtends	sabahleyin
twee kilo	iki kilo	's avonds	akşamları
genoeg	yeter	voor / na	önce / sonra
		vroeg / laat	erken / geç
Noodgeval		dag	gün
help!	yardım!	maandag	pazartesi
politie	polis	dinsdag	salı
arts	doktor	woensdag	çarşamba
ziekenhuis	hastane	donderdag	perşembe
apotheek	eczane	vrijdag	cuma
ongeval	kaza	zaterdag	cumartesi
pech	arıza	zondag	pazar

Getallen

0 sıfır	9 dokuz	18 on sekiz	80 seksen
1 bir	10 on	19 on dokuz	90 doksan
2 iki	11 on bir	20 yirmi	100 yüz
3 üç	12 on iki	21 yirmi bir	500 beş yüz
4 dört	13 on üç	30 otuz	1000 bin
5 beş	14 on dört	40 kırk	10.000 on bin
6 altı	15 on beş	50 elli	
7 yedi	16 on altı	60 altmış	
8 sekiz	17 on yedi	70 yetmiş	

Belangrijke zinnen

Algemeen
Ik begrijp het niet. Anlamıyorum.
Hoe heet u? Adınız ne?
Ik heet …! Benim adım … !
Hoe gaat het? Nasılsın? (per du)?
Heel goed! Çok iyiyim!
Spreek je Engels? İngilizce bilir misin?
Hoe laat is het? Saat kaç?

Onderweg
Waar is …? … nerede bulunur?
Welke bus gaat naar …? …e (a) hangi otobüs gider?
Wanneer vertrekt de bus? Otobüs ne zaman geliyor?
Stoppen alstublieft! Lütfen durun!
Is dat de weg naar …? Bu …e (-a) giden yol mu?
We hebben haast! Acelimiz var!
Hebt u een kamer vrij? Tek boş oda var mı?

Noodgeval
Ik wil graag bellen. Telefon açmak istiyorum.
Waar is de dichtstbijzijnde apotheek? En yakın eczane nerede?

Winkelen
Wat wenst u? Buyurunuz?
Ik wil graag … … istiyorum!
Hoeveel kost dat? Bu ne kadar?
Dat is duur! Çok pahalı!

In de bar
Hebt u bier? Bira var mı?
Waar is het toilet? Tuvalet nerede?
Waar kom je vandaan? Nerelisiniz?
Je ziet er leuk uit! Çok şıksın!
Ben je getrouwd? Evli misin?
Laat dat! Yapma!
Laat me met rust! Beni rahat bırakın!
Ga weg! Defol!

Culinaire woordenlijst

Ontbijt (kahvaltı)

kahve	koffie
çay	thee
şeker	suiker
türk kahvesi, orta şekerli	koffie, middelzoet
ekmek	brood
tereyağı	boter
reçel	jam, marmelade
bal	honing
peynir	kaas
sucuk	worst
yumurta (-lar)	ei (eieren)
sahanda yumurta	spiegelei
hiyar	komkommer
domates	tomaat
zeytin (-ler)	olijf (olijven)

Soepen (çorbalar)

balık çorbası	vissoep
düğün çorbası	'huwelijkssoep', met ei gebonden vleesbouillon
ezme sebze çorbası	groentesoep
güzel hanım çorbası	'mooievrouwensoep' met noedels en gehaktballetjes
işkembe çorbası	ingewandensoep
mercimek çorbası	linzensoep
yayla çorbası	soep met rijst, yoghurt en munt

Voorgerechten (mezeler)

antep ezme	pittig gekruide puree van tomaten en pepertjes
arnavut çiğeri	gebakken lever met rauwe ui
caçık	yoghurt met komkommer en dille
çerkes tavuğu	pastei van kippenvlees
çoban salatası	'herderssalade' van tomaat, komkommer en paprika
haydari	puree van schapenkaas, yoghurt en kruiden
humus	kikkererwtenpuree
imam bayıldı	'de imam viel flauw', aubergine in olijfolie
koç yumurtası	gestoofde hamelballen
kokoreç	ingewandenworst
midye tava	mosselen in een pannetje
mücver	gebakken balletjes geraspte courgette
patlıcan ezmesi	auberginepuree
patlıcan kızartması	gebakken aubergine
piyaz	witte bonen met azijn en olie
sigara böreği	gebakken deegrolletjes met schapenkaas
tarama	mousse van viskuit
yaprak dolması	gevuld wijnblad

Grillgerechten (ızgaralar)

adana kebap	gekruid gehakt, aan spiezen gegrild
biftek	biefstuk
bonfile	filet
çöp şiş	kleine stukjes vlees op houten spiezen
döner kebap	vlees van het draaispit
iskender kebabı	döner op plat brood met yoghurt
ızgara köfte	gehaktballetjes
kuzu pirzolası	lamskotelet
piliç izgara	geroosterde kip
şiş kebap	vleesspies

Stoofgerechten (suyu yemekler)

biber dolması	gevulde paprika
etli bamya	okra met lamsvlees
etli kagıt kebabı	kebab van lamsvlees, gebakken in perkamentpapier
fasulye pilaki	witte bonen in tomatensaus
güveç	eenpansgerecht van aubergine en vlees
İzmir köfte	gehaktballetjes met aardappel en tomaat

Culinaire woordenlijst

musakka	aubergine met gehakt en ui		tomaat en paprika
saç kavurma	op het bakblik gegaard lamsvlees	su böreği	deeg met kaasvulling
soğanlı yahni	ragout van lamsvlees en ui	**Zoetigheden (tatlılar)**	
		aşure	gedroogd fruit en noten in dikke suikersaus
tandır	in aardewerken schaal gegaard vlees, meestal lamsvlees	baklava	bladerdeeg met notenvulling in honingsiroop
tas kebap	rundvlees met ui (lijkt op goulash)	dondurma	ijs
türlü	vlees met groente	helva	Turkse honing
		hoşmarim	pannenkoekjes
Vis, schaal- en schelpdieren		kadayıf	zoete pastaslierten
ahtapot	octopus	lokma	gistgebak in suikerstroop
alabalık	forel		
barbunya	zeebarbeel	lokum	gearomatiseerde gelei
çupra	goudbrasem		
istakoz	langoest, kreeft	revani	griesmeelpudding
kalkan	tarbot	sütlaç	rijstmeelpudding
karides	garnalen		
kılıç balığı	zwaardvis	**Fruit (meyve)**	
levrek	zeebaars	elma	appel
midye	mosselen	erik	pruim
mercan	roodbaars	karpuz	watermeloen
orfoz	reuzenbaars	kavun	honingmeloen
ton balığı	tonijn	kayısı	abrikoos
uskumru	makreel	muz	banaan
		portakal	sinaasappel
Deeg- en eiergerechten		şeftalı	perzik
gözleme	dun deeg met schapenkaas	üzüm	druif
		vişne	kers
ispanaklı börek	spinazie in bladerdeeg	**Drankjes**	
lahmacun	Turkse pizza	bira	bier
mantı	Turkse ravioli, met daarbij een koude yoghurtsaus	şarap	wijn
		süt	melk
		su	water
menemen	roerei met daarin ui,	portakalsuyu	sinaasappelsap

In het restaurant

De menukaart graag. Menü, lütfen.
Ik wil graag … İstiyorum …
Ik wil graag water! Su istemiştim!
Een fles wijn graag! Bir şişe şarap, lütfen!
Niet pittig! Acı yok!
Eet smakelijk! Afiyet olsun!
De rekening graag. Hesap, lütfen.
Proost! Şerefe!
mes bıçak

vork çatal
lepel kaşık
bord tabak
servet peçete
glas bardak
fles şişe
brood ekmek
zout / peper tuz / biber
een portie bir porsiyon
warm / koud sıcak / soğuk

119

Register

06 Lokanta 78

Adaland Aquapark 66
Agora Pansiyon 71
Akay 60
Akbük Bay 73
Akça Hotel 95
Akyaka 27, 28, 109
Akyarlar 94, 96
Alaçatı 8, 28, 43, 44
Alarmnummers 25
Alexander de Grote 14
Ali Baba 66
Alibey Adası 55
Alize 77
Alsancak 41
Altay Restoran 59
Altınkum 44
Altınkum Beach, Çeşme 27, 44
Altınkum Plaj 70
Altinyunus 44
Amazon Bay 104
Ambassades 25
Amigos 90
Amos 111
Amphi Bar 49
Anadolu Night Club 72
Angel's 66
Antik Han Hotel 35
Aphrodisias 75
Apotheken 24
Appartementen 17
Areena, club 103
Artemision 62
Artur Motel 56
Asansör 34
Asklepieion, Kos 89
Asklepieion, Pergamon 53
Asklepion Restaurant 53
Assos 8, 58
Atatürk, Mustafa Kemal 14
Atatürkmuseum, İzmir 32
Athena Pansiyon 50
Atlantis Water Park 104
Ayayorgi Bay 44
Ayran 19
Ayvalık 8, 55
Ayvalık Palas 55

B'52 102
Babylon Alaçatı 44
Bafameer 28, 68, 71
Bamboo 110
Banana Riding 28
Bar Street 66, 90, 102, 104
Bayır 107
Bayraklı 39, 40
Bazaar, İzmir 36
Beach-Restaurant Nesim 112
Bedesten Cafe 103
Behram 59
Benzinestations 21
Bergama 8, 50
Berksoy Motel 50
Bier 19
Biraver Bar 44
Bitez WaterSports 92
Bitez 16, 28, 78, 86, 90
Black Island 87
Bodrum 7, 9, 10, 12, 14, 16, 21, 24, 29, 70, 76
Bodrum, kasteel 26, 80
Bodrum, schiereiland 9, 80, 94
Bodrum Airport 20
Bodrum Garden Cottage 91
Bodrum Mariners Café 85
Bosbrandgevaar 13
Boyalık 44
Bozburun 107
Brandweer 25
Bus 21

Caffe Ciao 89
Çakırağa Hotel 47
Caliente Beach Club 44
Camel Beach 27, 94
Çanakkale 20, 22, 58
Çandarlı 50
Castle Bar 102
Çay Bahçesi 72
Celep 48
Çeşme 8, 16, 20, 22, 42

Cevat Şakir 10, 12, 76
Cevat Şakirgraf 76
Chez Ahmet 82
Çiftlik 104, 108, 111
Çiftlik-baai 110
Cleopatra Beach 27, 105
Club Areena 103
Club Street Bar 44
Club Tropicana 56
Club Vera TMT 78
Crazy Daisy Club 103
Cunda Adası 55

Dalaman Airport 20
Datça 21, 28, 80, 86, 112
Datça Holiday Surf Village 117
Davy Jones's Locker 102
Dedeman Aquapark 91
Değirmenbükü 112
Delfi Hotel & Spa 77
Deniz Kapısı Bar 110
Denizli 74
DenTol 100
Didim 71
Didim House 71
Didymatempel 9, 69
Dilek, nationaal park 67
Diplomat 111
Divers Delight 110
Doğaköy 55
Dolmuş 21
Dorya Motel 112
Douane 20
Douanebepalingen 20
Drunken Crab 103
Duiken 26, 44, 66, 86, 92, 104, 110
Duurzaam reizen 28

Edremit 56, 58
Efeze 8, 14, 22, 60, 62
Efezemuseum 60
Ejder Restoran 60
Emek Kaptan'ın Yeri 112
Erdoğan, Tayyip Recep (premier) 15
Ergenekon-affaire 15

Register

Erythrai 45
Eski Hamam 104
Etoile de Mer 93
Euromos 97

Feestdagen 22
Feesten en festivals 22
Fener Beach 28, 93, 95
Fener WindSurf 93
Foça 8, 22, 45
Foçantique 48
Fooien 19

Galleon 102
Gebekum Beach 115
Gehandicapten 26
Geld 23
Genuezen 14
Geschiedenis 14
Gezondheid 23
Gitaro Club 56
Gölköy 95
Gölköy Plaj 96
Göltürkbükü 95
Grand Amphora 48
Grand Brothers 115
Grand Hotel Efes 34
Green Bar 93
Greenhouse, disco 103
Grieken 14
Gümbet 16, 87
Gümbet Beach 92
Gümüşlük 95, 96
Gündoğan 95
Güvercinlik 95

Hadi Dedim Hopba 114
Hadigari 82
Halicarnassus 14, 76, 83, 113
Halıcı 99
Halikarnas The Club 85
Halil'in Yeri 109
Han 111
Hanedan Resort 48
Hayıtbükü 115
Hemsin Patisserie 99
Hera Apart 71
Herakleia 28, 69, 71, 97
Hethiter 14
Hillside 103
Hilton Hotel 41
Hisarönü 106
History & Art Museum 40

Hotel 47 98
Hotel Yalçın 115
Hotels 16
Huurauto 21, 74, 106

İçmeler 9, 16, 109
İlhan Nargile 38
Ilıca 16, 44
İmren Lokantası 44
İncir Adası 50
Informatie 24
Insense Dancing Bar 56
Internet 29
İzmir 8, 12, 16, 25, 32, 36, 39
İzmir Airport 20
İztuzu 27

Jeepsafari's 108
Jewelex 66
Johannesbasilica 60

Kadifekale 39, 40
Kadıkalesi 95
Kadınlar Plajı 66
Kahveci Ömer Usta 38
kajakken 27
Kalehan 60
Kamici 2 71
Kanuni Kervansaray 43
Kapı Dans Bar 49
Kara-Ada 87
Karaincir 94
Karaincir, Bodrum 94
Karaincir, Datça 112
Karaincir Beach 112
Kargı 27, 86
Kargı, Bodrum 27, 94
Kargı, Datça 112
Kargı-baai 112
Kargı Beach 94
Kedreai 105
Kemeraltı 36
Keuken 18
Kilim Hotel 34
Kilise Bay 104
Kinderen 25
Kırçiçeği 100
Kısmet 65
Kızlarağası Han 36
Kızlarağası Köftecisi 41
Klimaat 26
Knidos 113
Kocadon 78

Kokolonez 49
Konak 37
Konak Lokanta 73
Korsan Dance Bar 110
Korsan Lokanta 112
Kortan 79
Kos 9, 88
Köşem 96
Küba Bar 85
Kültür Parkı 33, 40
Kumlubük 104, 111
Kumru Evi Bar 56
Kurban Bayramı 23
Kuşadası 8, 11, 16, 22, 25, 27, 61

L'Ambiance Hotel 84
La Grotta 110
La Pikant 93
La Sera 35
Labranda 97
Ladies-Beach 66
Laguna 109
Landschap 10
Laodikeia 75
Lavanta 95
Liman Hotel 65
Liman Restaurant 47
Liman Restoran 101
Long Beach 66

Magnesia (ad Maiandros) 73
Mandalinci 93
Mandalya 96
Marine Club Catamaran 85
Marmaris 9, 16, 25, 27, 29, 86, 98, 102
Marmaris Palace Grand Yazıcı 99
Maro 43
Mars 77
Marti (Yörük Mehmet) 56
Martı Resort 110
Mausoleion 76, 83, 84
Mausolus 14, 83
Medische zorg 24
Medusa House 70
Medusa Nightclub 72
Mehtap 96
Menemen 50
Meşhur Yandım Çavuş 61
Mesudiye 114, 115

121

Register

Mezeler 18
Milas 9, 97
Milete 9, 69
Milta Marina 85
Mobiele telefoon 29
Motel Begovina 108
Motif Diving 86
Mountainbiken 27
Muğla 12, 115
Museum van de Onderwaterarcheologie 80
Myndos 95
Myndospoort 82

Nationaal park Dilek 67
Neopolis 65
Nesos 56
Netsel Marina 98
New Season 91
Neyzen Tevfik 12
Noodgevallen 25
Notion 27

Offerfeest 23
Okaliptus 91
Old Fisher Restaurant Yaşlı Balıkcı 108
Olimpiada 89
Ongeval 24, 25
Openingstijden 26
Orange Bar 66
Ören 27, 59
Orhaniye 106
Oriëntbazaar 66
Ormancın'nın Yeri 101
Ortakent 91, 94, 96
Ortakent Beach 96
Öz Canlı Balık 56
Öz Urfa 66
Özlem 96

Palamutbükü 114, 115
Palmiye Motel 114
Pamukkale 9, 74
Paparazzi 44
Paradise Diving Center 104
Paradise Island 73
Parapente 27
Parasailing 28, 90, 104
Paşa 66
Pedalos 23
Pensions 16
Pergamon 51

Petek 115
Phokaia Zeytinhome 49
Phokeia 8, 45, 48
Piril Thermal & Spa 43
Pleasure Disco 110
Politie 25
Priëne 9, 64, 67, 68, 70, 73

Rafet Baba'nın Yeri 108
Rafting 27
Rakı 19
Ramadan 22
Reisseizoen 21
Reizen in de Turkse westkust 20
Reizen met een handicap 26
Reizen naar de Turkse westkust 20
Restaurant Dutdibi 112
Restaurants 18
Roken 26
Romeinen 14

Sağlam 54
Sahil Restoran 44
Sami Beach & Sami Plaza 90
Samos 66
Samsun Dağı 67
Samyeli 54
Sarıgerme 16, 27
Sarımsaklı 55
Seagarden Dive Centre 66
Seaside Beach Club 44
Sedir Adası 27, 105
Şeher Restoran 97
Şeker Bayramı 23
Şelale Restoran 70
Selçuk 22, 60, 62
Seldjoeken 14
Selemiye 107
Sensi Bar 85
Serçe Liman 81, 104
Sevgi Yolu 41
Shakers 90
Şifne 44
Sığacık 8, 46
Simi 115
Sindbad Watersport 104
Siren Rocks 50
Şirince Evleri 60
Smyrna 39

Sofra 48
Söğütköy 105
Söke 68, 72, 73
Souvenirs 12, 41, 49, 55, 61, 66, 72, 85, 93
Sport 26
Stranden 27
Strandvermaak 28
Su Hotel 77
Suikerfeest 23
Sultan 91
Sünger Pizza 79
Surfen 8, 20, 28, 43, 44, 90, 92, 93, 95, 106, 116
Süzer Sundreams 44

Taksiyarhis 55
Taşlıca 107
Taverna Petrino 89
Taxi 20, 21, 39, 42
Tekirdağ 93
Telefoneren 29
Temple Bar 66
Teos 8, 46
The Difference 79
The Lemon Tree 91
The Summer Garden 71
Thee 19
Three Bells Dance Club 'n Fun Bar 110
Three Palms 100
Tiffany's 101
Topçu 41
Torba 95
Troia 48
Troje 8, 12, 57, 58
Tuna Sokak 66
Turgut Şelalesi 107
Turgutreis 93
Türkbükü 95, 96
Turunç Yacht Restaurant 111
Turunç 9, 110
Tusan 63

Uğrak 78
Uluburun 81

Vakantieliefde 13
Veerboten 20, 21
Veiligheid 25
Verkeersregels 21
Villa Konak 65
Vis 18

Register

Vliegtuig 20, 28

Waarschuwingsborden (in het verkeer) 21
Wandelen 28
Watersport 44, 66, 90, 92, 94, 96, 104, 106, 110, 111
Wijn 19
Windmill 90
Wine Plaza 43

XBar 90

Yahşi Beach 92, 94
Yalı Han 91
Yalıkavak 95
Yasemin Balık Lokanta 71
Yenifoça 48, 50
Yılancı Beach 66
Yılancı 65
YKM İzmir 38
Yörük Motel 75

Yücelen 109
Yuzde Yuz (100%) 38

Z Bar 13 90
Zeilen 29
Zeilvakantie 9, 29, 86
Zekeriya Sofrası 112
Zeki Müren 12
Zeki Mürenmuseum 76
Zwemmen 29

Fotoverantwoording
Omslag: Toeristische boten in afgelegen baai (123RF)

Bildagentur Huber, Garmisch-Partenkirchen: blz. 17, 64/65, 77 (Schmid)
iStock, Calgary, Canada: blz. 113 (Eksen); 42 (Ozturk); 80 (sumbul)
laif, Köln: blz. 74 (Harscher); 92 (hemis.fr/Frilet); 87 (Henkelmann); 36 (Tophoven); 9 (Türemiş)
Hans E. Latzke, Bielefeld: blz. 6/7, 19, 45, 46, 51, 72/73, 94, 99, 102, 106
LOOK, München: blz. 57 (age fotostock); 30/31, 105 (Pompe); 11 (Seer); 62 (The Travel Library); 68 (Wothe)
Mauritius Images, Mittenwald: blz. 15, 33 (age fotostock); 88 (Clasen); 49 (CuboImages); 39 (United Archives); 83 (World Pictures)

Notities

Notities

> **Hulp gevraagd!**
> De informatie in deze reisgids is aan verandering onderhevig. Het kan dus wel eens gebeuren dat u ter plaatse een andere situatie aantreft dan de auteur. Is de tekst niet meer helemaal correct, laat ons dat dan even weten.
>
> Ons adres is:
> ANWB Media
> Uitgeverij Reisboeken
> Postbus 93200
> 2509 BA Den Haag
> anwbmedia@anwb.nl

Productie: ANWB Media
Uitgever: Marlies Ellenbroek
Coördinatie: Els Andriesse
Tekst: Hans E. Latzke
Vertaling, redactie en opmaak: Albert Witteveen, Amsterdam
Eindredactie: Hanneke Tax, Nijmegen
Stramien: Jan Brand, Diemen
Concept: DuMont Reiseverlag, Ostfildern
Grafisch concept: Groschwitz/Blachnierek, Hamburg
Cartografie: DuMont Reisekartografie, Fürstenfeldbruck
© 2011 DuMont Reiseverlag, Ostfildern

© 2012 ANWB bv, Den Haag
Eerste druk
Gedrukt in Italië
ISBN: 978-90-18-03372-9

Alle rechten voorbehouden
Deze uitgave werd met de meeste zorg samengesteld. De juistheid van de gegevens is mede afhankelijk van informatie die ons werd verstrekt door derden. Indien die informatie onjuistheden blijkt te bevatten, kan de ANWB daarvoor geen aansprakelijkheid aanvaarden.

Het grootste reisblad van Nederland

Kijk voor tips over uw bestemming ook op reizen.nl

11 keer per jaar weer boordevol
- verrassende stedentrips
- uitgebreide aandacht voor Europese bestemmingen
- boeiende reisreportages
- originele autoroutes • nuttige reistips

**Ga voor het aanbod naar www.reizenmagazine.nl
Of bel: 088-2692 222**

Paklijst

Steuntje in de rug nodig bij het inpakken?
Door op de ANWB Extra Paklijst aan te vinken wat u mee wilt nemen, gaat u goed voorbereid op reis.
Wij wensen u een prettige vakantie.

Documenten
- [ ] Paspoorten / identiteitsbewijs
- [ ] (Internationaal) rijbewijs
- [ ] ANWB lidmaatschapskaart
- [ ] Visum
- [ ] Vliegticket / instapkaart
- [ ] Kentekenbewijs auto / caravan
- [ ] Wegenwacht Europa Service
- [ ] Reserveringsbewijs
- [ ] Inentingsbewijs

Verzekeringen
- [ ] Reis- en / of annulerings- verzekeringspapieren
- [ ] Pas zorgverzekeraar
- [ ] Groene kaart auto / caravan
- [ ] Aanrijdingsformulier

Geld
- [ ] Bankpas
- [ ] Creditcard
- [ ] Pincodes
- [ ] Contant geld

Medisch
- [ ] Medicijnen + bijsluiters
- [ ] Medische kaart
- [ ] Verbanddoos
- [ ] Reservebril / lenzen
- [ ] Norit
- [ ] Anticonceptie
- [ ] Reisziektetabletjes
- [ ] Anti-insectenmiddel

Persoonlijke verzorging
- [ ] Toiletgerei
- [ ] Nagelschaar
- [ ] Maandverband / tampons
- [ ] Scheergerei
- [ ] Föhn
- [ ] Handdoeken
- [ ] Zonnebrand

Persoonlijke uitrusting
- [ ] Zonnebril
- [ ] Paraplu
- [ ] Boeken / tijdschriften
- [ ] Spelletjes
- [ ] Mobiele telefoon
- [ ] Foto- / videocamera
- [ ] Dvd- en / of muziekspeler
- [ ] Koptelefoon
- [ ] Oplader elektrische apparaten
- [ ] Wereldstekker
- [ ] Reiswekker
- [ ] Batterijen

Kleding / schoeisel
- [ ] Zwemkleding
- [ ] Onderkleding
- [ ] Nachtkleding
- [ ] Sokken
- [ ] Regenkleding
- [ ] Jas
- [ ] Pet
- [ ] Schoenen
- [ ] Slippers

Onderweg
- [ ] Routekaart
- [ ] Navigatiesysteem
- [ ] Reisgids
- [ ] Taalgids
- [ ] Zakdoeken
- [ ] ANWB veiligheidspakket
- [ ] Schrijfgerei